AF360867

# LETTRES

## SUR
## LA DANSE
### ET SUR
## LES BALLETS.

*Par M. NOVERRE,*

*Pensionnaire du Roi, & Maître des Ballets de l'Empereur.*

## SECONDE ÉDITION.

## A LONDRES;

Et se trouve A PARIS,

Chez la veuve DESSAIN junior, Libraire, quai des Augustins, à gauche en descendant le Pont-Neuf.

1783.

A MONSEIGNEUR

# AMELOT,

MINISTRE

AU DÉPARTEMENT DE PARIS.

Monseigneur,

*Tel est le privilège des arts & des talents, que la protection qu'on leur accorde honore autant le Protecteur que l'Artiste.*

*L'accueil favorable que le Public a fait à mes Lettres sur la Danse, a pu seul m'inspirer le dessein de demander à VOTRE GRANDEUR la permission de mettre son nom à la tête de cette deuxième édition.*

*Je me suis attaché, MONSEIGNEUR, à développer avec ordre & clarté, les principes qu'une longue expérience & des succès assez nombreux m'ont acquis le droit d'établir*

a ij

*sur un art, dont la décadence devient de jour en jour plus sensible.*

*Puissé-je, après ma retraite, être encore utile par mes avis & mes ouvrages, à un Spectacle, à la perfection duquel je ne cesserai de prendre le plus vif intérêt ! Vous en êtes le protecteur, M ONSEIGNEUR; vous voulez bien être mon Mécène ; & je me croirois amplement dédommagé du sacrifice que j'ai fait d'un état avantageux, si je pouvois me flatter d'éterniser par mes écrits le souvenir de vos bontés & de ma reconnoissance.*

*Je suis avec un profond respect,*

MONSEIGNEUR,

Votre très-humble & très-obéissant serviteur,
NOVERRE.

# AVERTISSEMENT.

Lorsque je fis imprimer en 1760 les *Lettres sur la Danse*, je n'avois osé me flatter ni du succès qu'elles eurent, ni de la révolution heureuse qu'elles opérèrent dans tous les spectacles de l'Europe ; mais autant elles furent accueillies par les Gens de Lettres & les personnes de goût, autant elles révoltèrent le peuple de l'Opéra. On cria à l'anathême ; on me traita d'innovateur, & l'on me regarda comme un homme d'autant plus dangereux, que j'attaquois les anciennes rubriques du Théâtre.

En effet, briser les masques, brûler les perruques noires, supprimer les paniers, bannir les tonnelets, substituer le goût à la routine, indiquer un costume plus noble, plus vrai, plus pittoresque ; exiger de l'action & du mouvement dans la scène, de l'expression dans la danse ; marquer l'intervalle immenfe qui fépare le mécanifme du métier, de l'efprit qui le place à côté des Arts imitateurs, c'étoit m'expofer à la mauvaife humeur de tous ceux qui refpectent les anciens ufages, quelque barbares qu'ils puiffent être.

Cependant, en criant que j'avois tort, on agiffoit comme fi j'avois raifon ; on s'approchoit de moi lentement, on faifoit infenfiblement des réformes. Mais les talens de M. Bocquet qui avoit adopté mes fentimens, les efforts réitérés de M. Dauberval mon élève, qui lutta conftamment contre la cohorte formidable des préjugés & de l'habitude ; M. Veftris luimême, frappé à fon tour des vérités que j'avois enfeignées, lorfqu'il les vit en pratique à Stutgard, céda à l'évidence & à l'intérèt qu'elles produifirent. L'Opéra prit bientôt une nouvelle forme, quant au coftume & à la pompe ; & la danfe de ce Spectacle, qui, quoique fufceptible encore de perfection, est néanmoins la plus brillante de l'Europe, sortit enfin de son enfance ; elle parla le langage des passions, qu'elle n'avoit pas encore balbutié. La pantomime, cet art qui fit jadis les délices d'Athènes & de Rome, sortit de son tombeau, vint s'associer à la danse, & en lui prêtant son éloquence, acquit lui-même un charme qu'il n'eut ni chez les Grecs ni chez les Romains.

Si l'on réfléchit sur ce qu'étoit l'Opéra avant 1760, & sur ce qu'il est aujourd'hui, il sera difficile de ne pas reconnoître l'effet qu'ont produit mes *Lettres* ; aussi cet Ouvrage a-t-il été traduit en italien, en allemand & en anglois, & l'édition françoise fut enlevée avec un empressement si prodigieux, qu'il est impossible de s'en procurer un seul exemplaire. C'est cette considération qui m'a déterminé à en faire faire une nouvelle. Je n'y ai fait que de très-légères corrections qui ne portent guère que fur le ftyle ; car dans tout ouvrage de principes, lorfqu'ils font une fois bien pofés, il n'y a rien à y changer.

Depuis la publication des Lettres fur la Danfe, c'eft-à-dire, depuis vingt ans, j'ai eu occafion de faire bien des réflexions fur tout ce qui peut tenir à cet art. J'ai envifagé fous tous les points de vue d'utilité, ceux qui concourent à la perfection de l'Opéra. La Peinture, la Sculpture, la Perfpective, les machines, l'art du décorateur, les coftumes ont fait l'objet de mes études ; & je fuis à même de donner au Public un Dictionnaire fur la Danfe, qui, peut-être, ne démentira pas le fuccès qu'ont eu mes Lettres.

LETTRES

# LETTRES



# LA DANSE.

## LETTRE PREMIERE.

LA Poéfie, la Peinture & la Danſe ne ſont, Monſieur, ou ne doivent être qu'une copie fidelle de la belle nature. C'eſt par la vérité de l'imitation que les ouvrages des Racines & des Raphaëls ont paſſé à la poſtérité, après avoir obtenu ( ce qui eſt aſſez rare) les ſuffrages même de leur

A

fiècle. Que ne pouvons - nous joindre aux noms de ces grands hommes, ceux des Maîtres de Ballets qui fe font rendus célèbres dans leurs temps ! mais à peine les connoît-on ; eft-ce la faute de l'art ? eft-ce la leur ?

Un Ballet eft un tableau, ou plutôt une fuite de tableaux liés entre eux par l'action qui fait le fujet du Ballet ; la fcène eft pour ainfi dire, la toile fur laquelle le Compofiteur rend fes idées ; le choix de la mufique, la décoration, le coftume, en font le coloris ; le Compofiteur eft le Peintre. Si la nature lui a donné ce feu & cet enthoufiafme, ame de tous les arts imitateurs, l'immortalité ne peut-elle pas lui être affurée ? Pourquoi ne connoiffons-nous aucuns Maîtres de Ballets ? C'eft que les ouvrages de ce genre ne durent qu'un inftant, & font effacés prefque auffitôt que l'impreffion qu'ils ont produite ; c'eft qu'il ne refte aucuns veftiges des plus fublimes productions des Batiles & des Pylades. A peine conferve-t-on une idée de ces Pantomimes fi célèbres dans le fiècle d'Augufte.

Du moins fi ces grands Compofiteurs, ne pouvant tranfmettre à la poftérité leurs tableaux fugitifs, nous euffent au moins tranfmis leurs idées, leurs principes fur leur art. S'ils euffent tracé les règles d'un genre dont ils étoient créateurs, leurs noms & leurs écrits auroient traverfé l'immenfité des âges, & ils n'auroient pas confacré leurs peines & leurs veilles pour la gloire d'un moment. Ceux qui les ont fuivis auroient eu des principes, & l'on n'auroit pas vu périr l'art de la Pantomime & du gefte, portés jadis à un point qui étonne encore l'imagination.

Depuis la perte de cet art, perfonne n'a cherché à le retrouver, ou à le créer, pour ainfi dire, une feconde fois. Effrayés des difficultés de cette entreprife, mes prédéceffeurs y ont renoncé, n'ont même fait aucune tentative, & ont laiffé fubfifter un divorce qui paroiffoit devoir être éternel, entre la Danfe purement dite & la Pantomime.

Plus hardi qu'eux, peut-être avec moins de talens, j'ai ofé deviner l'art de faire des Ballets en action ; de réunir l'action à la Danfe ; de lui donner des caractères, des idées. J'ai ofé me frayer des routes nouvelles. L'indulgence du public m'a encouragé ; elle m'a foutenu dans des crifes capables de rebuter l'amour-propre ; & mes fuccès femblent m'autorifer à fatisfaire votre curiofité fur un art que vous chériffez, & auquel j'ai confacré tous mes momens.

Depuis le règne d'Augufte jufqu'à nos jours, les Ballets n'ont été que de foibles efquiffes de ce qu'ils peuvent être encore. Cet art, enfant du génie & du goût, peut s'embellir, fe varier à l'infini. L'hiftoire, la fable, la peinture, tous les arts fe réuniffent pour tirer leur frère de l'obfcurité où il eft enfeveli ; & l'on s'étonne que les Compofiteurs aient dédaigné des fecours fi puiffans.

Les programmes des Ballets qui ont été donnés il y a un fiècle ou environ, dans les différentes Cours de l'Europe, feroient foupçonner que cet art ( qui n'étoit rien encore ) loin d'avoir fait des progrès, s'eft de plus en plus affoibli. Ces fortes de traditions, il eft vrai, font toujours fort fufpeƈtes. Il en eft des Ballets comme des fêtes en général ; rien de fi beau, de fi féduifant fur le papier, & fouvent rien de fi mauffade & de fi mal entendu à l'exécution.

Je penfe, Monfieur, que cet art n'eft refté dans l'enfance, que parce qu'on en a borné les effets à celui de ces feux d'artifice, faits fimplement pour amufer les yeux : quoiqu'il partage avec les meilleurs drames l'avantage d'intéreffer, d'émouvoir & de captiver le fpeƈtateur par le charme de l'intérêt & de l'illufion, on ne l'a pas foupçonné de pouvoir parler à l'ame.

Si nos Ballets font foibles, monotones, languiffans, s'ils font dénués d'intentions, d'expreffion & de caraƈtère, c'eft moins, je le répète, la faute de l'art que celle de l'Artifte : ignore - t - il que la Danfe, unie à la Pantomime, eft un art d'imitation ? Je ferois tenté de le croire, puifque le plus grand nombre des Compositeurs se borne à copier servilement un certain nombre de pas & de figures dont le public est rebattu depuis des siècles : de sorte que les Ballets de Phaéton ou de tout autre Opéra, remis par un Compositeur moderne, diffèrent si peu de ceux qui avoient été faits dans la nouveauté, que l'on s'imagineroit que ce sont toujours les mêmes.

En effet il est rare, pour ne pas dire impossible, de trouver du génie dans les plans, de l'élégance dans les formes, de la légèreté dans les groupes, de la précision & de la netteté dans les chemins qui conduisent aux différentes figures ; à peine connoît-on l'art de déguiser les vieilles choses, & de leur donner un air de nouveauté.

Il faudroit que les Maîtres de Ballets consultassent les tableaux des grands Peintres ; cet examen les rapprocheroit sans doute de la nature ; ils éviteroient alors, le plus souvent qu'il leur seroit possible, cette symétrie dans les figures, qui, faisant répétition d'objets, offre sur la même toile deux tableaux semblables.

Dire que je blâme généralement toutes les figures symétriques ; penser que je prétende en abolir totalement l'usage, ce seroit cependant mal interpréter mes idées.

L'abus des meilleures choses est toujours nuisible ; je ne désapprouve que l'usage trop fréquent & trop répété de ces sortes de figures : usage dont mes confrères sentiront le vice, lorsqu'ils s'attacheront à copier fidèlement la nature & à peindre sur la scène les différentes passions, avec les nuances & le coloris que chacune d'elles exige en particulier.

Les figures symétriques de la droite à la gauche ne sont supportables, selon moi, que dans les corps d'entrée, qui n'ont aucun caractère d'expression, & qui, ne disant rien, sont faits uniquement pour donner le temps aux premiers Danseurs de reprendre leur respiration. Elles peuvent avoir lieu dans un Ballet général qui termine une fête ; elles peuvent encore passer dans des pas d'exécution, de quatre, de six, &c. quoique, à mon sens, il soit ridicule de sacrifier, dans ces sortes de morceaux, l'expression & le sentiment à l'adresse du corps & à l'agilité des jambes; mais la symétrie doit faire place à la nature dans les scènes d'action. Un exemple, quelque foible qu'il soit, me rendra peut-être plus intelligible, & suffira pour étayer mon sentiment.

Une troupe de Nymphes, à l'aspect imprévu d'une troupe de jeunes Faunes, prend la fuite avec autant de précipitation que de frayeur ; les Faunes, au contraire, poursuivent les Nymphes avec cet empressement que donne ordinairement l'apparence du plaisir : tantôt ils s'arrêtent pour examiner l'impression qu'ils font sur les Nymphes : celles-ci suspendent en même temps leur course; elles considèrent les Faunes avec crainte, cherchent à démêler leurs desseins, & à s'assurer par la fuite un asyle qui puisse les garantir du danger qui les menace : les deux troupes se joignent; les

Nymphes réfiſtent, ſe défendent & s'é-
chappent avec une adreſſe égale à leur légèreté, &c.

Voilà ce que j'appelle une ſcène d'action,
où la Danſe doit parler avec feu, avec énergie ; où les figures ſymétriques & compaſ-
ſées ne peuvent être employées ſans altérer
la vérité, ſans choquer la vraiſemblance,
ſans affoiblir l'action & refroidir l'intérêt.
Voilà, dis-je, une ſcène qui doit offrir un
beau déſordre, & où l'art du Compoſiteur
ne doit ſe montrer que pour embellir la
nature.

Un Maître de Ballets, ſans intelligence
& ſans goût, traitera ce morceau de Danſe
machinalement, & le privera de ſon effet,
parce qu'il n'en ſentira pas l'eſprit. Il pla-
cera ſur pluſieurs lignes parallèles les Nymphes & les Faunes; il exigera ſcrupuleuſement que toutes les Nymphes ſoient poſées
dans des attitudes uniformes, & que les
Faunes aient les bras élevés à la même hauteur; il ſe gardera bien, dans ſa diſtribution,
de mettre cinq Nymphes à droite, & ſept

Nymphes à gauche; ce feroit pécher contre les vieilles règles de l'Opéra; mais il
fera un exercice froid & compaffé d'une
fcène d'action qui doit être pleine de feu.

Des critiques de mauvaife humeur, &
qui ne connoiffent point affez l'Art pour
juger de fes différens effets, diront que
cette fcène ne doit offrir que deux tableaux;
que le defir des Faunes doit tracer l'un, &
la crainte des Nymphes peindre l'autre.
Mais que de nuances différentes à ménager
dans cette crainte & ce defir ! Que d'oppofitions, que de gradations & de dégradations à obferver, pour que de ces deux fentimens il en réfulte une multitude de tableaux, tous plus animés les uns que les
autres !

Les paffions étant de même chez tous les
hommes, elles ne diffèrent qu'à proportion de leur fenfibilité; elles agiffent avec
plus ou moins de force fur les uns que fur
les autres, & fe manifeftent au dehors avec
plus ou moins de véhémence & d'impétuofité. Ce principe pofé, & que la nature

démontre tous les jours, on doit diverfifier les attitudes, répandre des nuances dans l'expreffion, & dès-lors l'action pantomime de chaque perfonnage ceffe d'être monotone. Ce feroit être auffi fidèle imitateur qu'excellent peintre, que de mettre de la variété dans l'expreffion des têtes, de donner à quelques-uns des Faunes de la férocité; à ceux-là moins d'emportement; à ceux-ci un air plus tendre; aux autres enfin un caractère de volupté, qui fufpendroit ou qui partageroit la crainte des Nymphes. L'efquiffe de ce tableau détermine naturellement la compofition de l'autre : je vois alors des Nymphes qui flottent entre le plaifir & la crainte; j'en apperçois d'autres qui me peignent par le contrafte de leurs attitudes, les différens mouvemens dont leur ame eft agitée; celles-ci font plus fières que leurs compagnes; celles-là mêlent à leur frayeur un fentiment de curiofité, qui rend le tableau plus piquant : cette diverfité eft d'autant plus féduifante, qu'elle eft l'image de la nature. Convenez donc avec moi, Monfieur, que la fymétrie doit toujours être bannie de la Danfe en action.

Je demanderai à tous ceux qui ont des préjugés d'habitude, s'ils trouveront de la fymétrie dans un troupeau de brebis qui veut échapper à la dent meurtrière des loups, ou dans des payfans qui abandonnent leurs champs & leurs hameaux, pour éviter la fureur de l'ennemi qui les pourfuit ? Non, fans doute : mais l'art eft de favoir déguifer l'art. Je ne prêche point le défordre & la confufion ; je veux, au contraire, que la régularité fe trouve dans l'irrégularité même ; je demande des groupes ingénieux, des fituations fortes, mais toujours naturelles, une manière de compofer qui dérobe aux yeux toute la peine du Compofiteur. Quant aux figures, elles ne font en droit de plaire que lorfqu'elles font préfentées avec rapidité, & deffinées avec autant de goût que d'élégance.

Je fuis, &c.

# LETTRE II.

JE ne puis m'empêcher, Monsieur, de désapprouver les Maîtres de Ballets, qui ont l'entêtement ridicule de vouloir que les figurans & les figurantes se modèlent exactement d'après eux, & compassent leurs mouvemens, leurs gestes & leurs attitudes d'après les leurs : cette singulière prétention ne doit-elle pas s'opposer au développement des graces naturelles des exécutans, & étouffer en eux le sentiment d'expression qui leur est propre ?

Ce principe me paroît d'autant plus dangereux, qu'il est rare de trouver des Maîtres de Ballets qui sentent ; il y en a si peu qui soient excellens Comédiens, & qui possèdent l'art de peindre, par les gestes, les mouvemens de l'ame ! Il est, dis-je, si difficile de rencontrer parmi nous des Batyles & des Pilades, que je ne saurois

me difpenfer de condamner tous ceux qui,
par l'idée qu'ils ont d'eux-mêmes, prétendent à fe faire imiter. S'ils fentent foiblement, ils exprimeront de même ; leurs
geftes feront froids, leur phyfionomie fans
caractère, leurs attitudes fans paffion. N'eft-
ce pas induire les figurans à erreur, que de
leur faire copier du médiocre ? N'eft-ce pas
perdre fon ouvrage, que de le faire exécuter gauchement ? Peut-on d'ailleurs donner des préceptes fixes pour l'action pantomime ? Les geftes ne font-ils pas l'ouvrage de l'ame, & les interprètes fidèles de
fes mouvemens ?

Un Maître de Ballets fenfé doit faire,
dans cette circonftance, ce que font la plupart des Poètes, qui, n'ayant ni les talens,
ni les organes propres à la déclamation,
font lire leur pièce, & s'abandonnent entièrement à l'intelligence des Comédiens
pour la repréfenter. Ils affiftent, direz-vous,
aux répétitions, j'en conviens ; mais ils
donnent moins de préceptes que de confeils. *Cette fcène me paroît rendue foiblement;*

*vous ne mettez pas affez de débit dans telle autre ; celle-ci n'eft pas jouée avec affez de feu, & le tableau qui réfulte de cette fitua- tion me laiffe quelque chofe à defirer :* voilà le langage du Poëte. Le Maître de Ballets, à fon exemple, doit faire recommencer une fcène en action, jufqu'à ce qu'enfin ceux qui l'exécutent aient rencontré cet inftant de naturel inné chez tous les hom- mes ; inftant précieux, qui fe montre tou- jours avec autant de force que de vérité, lorfqu'il eft produit par le fentiment.

Le Ballet bien compofé eft une pein- ture vivante des paffions, des mœurs, des ufages, des cérémonies & du *coftume* de tous les peuples de la terre : conféquem- ment il doit être pantomime dans tous les genres, & parler à l'ame par les yeux. Eft- il dénué d'expreffion, de tableaux frappans, de fituations fortes, il n'offre plus alors qu'un fpectacle froid & monotone. Ce genre de compofition ne peut fouffrir de médio- crité : à l'exemple de la peinture, il exige une perfection d'autant plus difficile à atteindre, qu'il eſt ſubordonné à l'imitation fidelle de la nature, & qu'il eſt mal - aiſé , pour ne pas dire impoſſible, de ſaiſir cette ſorte de vérité ſéduiſante qui dérobe l'illuſion au ſpectateur, qui le tranſporte, en un inſtant, dans le lieu où la ſcène a dû ſe paſ-ſer ; qui met ſon ame dans la même ſituation où elle ſeroit, s'il voyoit l'action réelle dont l'art ne lui préſente que l'imitation. Quelle préciſion ne faut-il pas encore avoir, pour n'être pas au deſſus ou au deſſous de l'objet que l'on veut imiter ? Il eſt auſſi dangereux de trop embellir ſon modèle que de l'enlaidir : ces deux défauts s'oppoſent également à la reſſemblance : l'un exagère la nature, l'autre la dégrade.

Les Ballets étant des repréſentations , ils doivent réunir les parties du drame. Les ſujets que l'on traite en Danſe ſont, pour la plupart, vides de ſens, & n'offrent qu'un amas confus de ſcènes auſſi mal couſues que déſagréablement conduites ; cependant il eſt, en général, indiſpenſable de ſe ſoumettre à de certaines règles. Tout ſujet de

Ballet

Ballet doit avoir son exposition, son nœud & son dénouement. La réussite de ce genre de spectacle dépend en partie du bon choix des sujets & de leur distribution.

L'art de la pantomime est sans doute plus borné de nos jours, qu'il ne l'étoit sous le règne d'Auguste; il est quantité de choses qui ne peuvent se rendre intelligiblement par le secours des gestes. Tout ce qui s'appelle dialogue tranquille, ne peut trouver place dans la pantomime. Si le Compositeur n'a pas l'adresse de retrancher de son sujet ce qui lui paroît froid & monotone, son Ballet ne fera aucune sensation. Si le spectacle de M. *Servandoni* ne réussissoit pas, ce n'étoit pas faute de gestes; les bras de ses Acteurs n'étoient jamais dans l'inaction; cependant ses représentations pantomimes étoient de glace: à peine une heure & demie de mouvemens & de gestes fournissoit-elle un seul instant au Peintre.

Diane & Actéon, Diane & Endimion, Apollon & Daphné, Titon & l'Aurore,

Acis & Galathée, ainſi que tous les ſujets de cette eſpèce, ne peuvent fournir à l'intrigue d'un Ballet en action, ſans le ſecours d'un génie vraiment poétique. Télémaque dans l'île de Calypſo offre un plan plus vaſte, & fera le ſujet d'un très-beau Ballet, ſi toutefois le Compoſiteur a l'art d'élaguer du poëme tout ce qui ne peut ſervir au Peintre ; s'il a l'adreſſe de faire paroître Mentor à propos, & le talent de l'éloigner de la ſcène, dès l'inſtant qu'il pourroit la refroidir.

Si les licences que l'on prend journellement dans les compoſitions théatrales ne peuvent s'étendre au point de faire danſer Mentor dans le Ballet de Télémaque, c'eſt une raiſon plus que ſuffiſante pour que le Compoſiteur ne ſe ſerve de ce perſonnage qu'avec beaucoup de ménagement. Ne danſant point, il devient étranger au Ballet ; ſon expreſſion d'ailleurs étant dépourvue des graces que la Danſe prête aux geſtes & aux attitudes, paroît moins animée, moins chaude, & conſéquemment moins intéreſſante. Il eſt permis aux grands talens d'innover, de ſortir des règles ordinaires, & de frayer des routes nouvelles, lorſqu'elles peuvent conduire à la perfection de leur art.

Mentor, dans un ſpectacle de Danſe, peut & doit agir en danſant ; cela ne choquera ni la vérité, ni la vraiſemblance, pourvu que le Compoſiteur ait l'art de lui conſerver un genre de Danſe & d'expreſſion analogue à ſon caractère, à ſon âge & à ſon emploi. Je crois, Monſieur, que je riſquerois l'aventure, & que de deux maux j'éviterois le plus grand, l'ennui, perſonnage qui ne devroit jamais trouver place ſur la ſcène.

C'eſt un défaut bien capital que celui de vouloir aſſocier des genres contraires, & de mêler, ſans diſtinction, le ſérieux avec le comique, le noble avec le trivial, le galant avec le burleſque. Ces fautes groſſières, mais communes chez beaucoup de Maîtres, décèlent la médiocrité de l'eſprit ; elles affichent le mauvais goût &

l'ignorance du Compositeur. Le caractère & le genre d'un Ballet ne doivent point être défigurés par des épisodes d'un genre & d'un caractère opposés. Les métamorphoses, les transformations & les changemens qui s'emploient communément dans les pantomimes angloises des danseurs de corde, ne peuvent être employés dans des sujets nobles ; c'est encore un autre défaut que de doubler & de tripler les objets : ces répétitions de scène refroidissent l'action & appauvrissent le sujet.

Une des parties essentielles au Ballet, est, sans contredit, la variété ; les incidens & les tableaux qui en résultent, doivent se succéder avec rapidité : si l'action ne marche avec promptitude, si les scènes languissent, si le feu ne se communique également par-tout ; que dis-je ? s'il n'acquiert de nouveaux degrés de chaleur à mesure que l'intrigue se dénoue, le plan est mal conçu, mal combiné ; il péche contre les règles du théâtre, & l'exécution ne produit alors d'autre sensation sur le spectateur, que celle de l'ennui qu'elle traîne après elle.

J'ai vu, le croiriez-vous, Monſieur? quatre ſcènes ſemblables dans le même ſujet; j'ai vu des meubles faire l'expoſition, le nœud & le dénouement d'un grand Ballet; j'ai vu enfin aſſocier des incidens burleſques à l'action la plus noble & la plus voluptueuſe : la ſcène ſe paſſoit cependant dans un lieu reſpecté de toute l'Aſie. De pareils contre-ſens ne choquent-ils pas le bon goût? En mon particulier, j'en aurois été foiblement étonné, ſi je n'avois connu le mérite du Compoſiteur; cela m'a preſque perſuadé qu'il y a plus d'indulgence dans la Capitale que par-tout ailleurs.

Tout Ballet compliqué & diffus, qui ne me tracera pas, avec netteté & ſans embarras, l'action qu'il repréſente, dont je ne pourrai deviner l'intrigue qu'un programme à la main ; tout Ballet dont je ne ſentirai pas le plan, & qui ne m'offrira pas une expoſition, un nœud & un dénouement, ne ſera plus, ſuivant mes idées, qu'un ſimple

divertiſſement de Danſe, plus ou moins bien
exécuté, & qui ne m'affectera que médiocrement, puiſqu'il ne portera aucun caractère, & qu'il ſera dénué d'action & d'intérêt.

Mais la Danſe de nos jours eſt belle;
elle eſt, dira-t-on, en droit de ſéduire &
de plaire, dégagée même du ſentiment &
de l'eſprit dont vous voulez qu'elle ſe décore. Je conviendrai que l'exécution mécanique de cet art eſt portée à un degré
de perfection qui ne laiſſe rien à deſirer :
j'ajouterai même qu'elle a ſouvent des
graces, de la nobleſſe; mais ce n'eſt qu'une
partie des qualités qu'elle doit avoir.

Les pas, l'aiſance & le brillant de leur
enchaînement, l'*à-plomb*, la fermeté, la
viteſſe, la légèreté, la préciſion, les oppoſitions des bras avec les jambes, voilà ce
que j'appelle le mécaniſme de la Danſe.
Lorſque toutes ces parties ne ſont pas
miſes en œuvre par l'eſprit, lorſque le génie ne dirige pas tous ces mouvemens, &
que le ſentiment & l'expreſſion ne leur

prêtent pas des forces capables de m'émouvoir & de m'intéreffer, j'applaudis alors à l'adreffe, j'admire l'homme-machine, je rends juftice à fa force, à fon agilité; mais il ne me fait éprouver aucune agitation; il ne m'attendrit pas, & ne me caufe pas plus de fenfation que l'arrangement des mots fuivans : *fait.. pas.. le.. la.. honte.. non.. crime.. &.. l'échafaud.* Cependant ces mots arrangés par le Poète, compofent ce beau vers du Comte d'Effex :

Le crime fait la honte, & non pas l'échafaud.

Il faut conclure de cette comparaifon, que la Danfe renferme en elle tout ce qui eft néceffaire au beau langage, & qu'il ne fuffit pas d'en connoître l'alphabet. Qu'un homme de génie arrange les lettres, forme & lie les mots, elle ceffera d'être muette, elle parlera avec autant de force que d'énergie; & les Ballets alors partageront avec les meilleures pièces du théâtre la gloire de toucher, d'attendrir, de faire couler des larmes, d'amufer, de

féduire & de plaire dans les genres moins
férieux. La Danſe, embellie par le ſentiment & conduite par le talent, recevra
enfin avec les éloges & les applaudiſſemens
que toute l'Europe accorde à la Poéſie & à
la Peinture, les récompenſes glorieuſes
dont on les honore.

Je ſuis, &c.

# LETTRE III.

Si les grandes paſſions conviennent à la Tragédie, elles ne ſont pas moins néceſ-ſaires au genre pantomime. Notre art eſt aſſujetti, en quelque façon, aux règles de la perſpective ; les petits détails ſe perdent dans l'éloignement. Il faut, dans les tableaux de la Danſe, des traits marqués, de grandes parties, des caractères vigou-reux, des maſſes hardies, des oppoſitions & des contraſtes auſſi frappans qu'artiſte-ment ménagés.

Il eſt bien ſingulier que l'on ait comme ignoré juſqu'à préſent, que le genre le plus propre aux expreſſions de la Danſe eſt le genre tragique ; il fournit de grands tableaux, des ſituations nobles, & des coups de théâtre heureux : d'ailleurs, les paſſions étant plus fortes & plus décidées dans les héros que dans les hommes ordinaires, l'imitation en devient plus facile, & l'action du pantomime plus chaude, plus vraie & plus intelligible.

Un habile Maître doit preſſentir d'un coup-d'œil l'effet général de toute la machine, & ne jamais ſacrifier le tout à la partie.

Sans oublier les principaux perſonnages de la repréſentation, il doit penſer au plus grand nombre ; fixe-t-il toute ſon attention ſur les premiers danſeurs & les premières danſeuſes, l'action devient froide, la marche des ſcènes ſe ralentit, & l'exécution eſt ſans effet.

Les principaux perſonnages de la tragédie de Mérope, ſont Mérope, Polifonte, Egiſte, Narbas ; mais, quoique les autres acteurs ne ſoient point chargés de rôles auſſi importans, ils ne concourent pas moins à l'action générale & à la marche du Drame, qui ſeroit coupée & ſuſpendue ſi l'un de ces perſonnages manquoit à la repréſentation de cette pièce.

Il ne faut point d'inutilité au théâtre ; conſéquemment on doit bannir de la ſcène

ce qui peut y jeter du froid, & n'y introduire que le nombre exaɛt de perſonnages
néceſſaires à l'exécution du drame.

Un Ballet en aɛtion doit être une pièce
de ce genre; il doit être diviſé par ſcènes
& par aɛtes; chaque ſcène en particulier
doit avoir, ainſi que l'aɛte, un commencement, un milieu & une fin; c'eſt-à-dire,
ſon expoſition, ſon nœud & ſon dénouement.

J'ai dit que les principaux perſonnages
d'un Ballet ne devoient pas faire oublier
les ſubalternes; je penſe même qu'il eſt
moins difficile de faire jouer des rôles
tranſcendans à Hercule & Omphale, à
Ariane & Bacchus, à Ajax & Ulyſſe, &c.
qu'à vingt-quatre perſonnes qui ſeront de
leur ſuite. S'ils ne diſent rien ſur la ſcène,
ils y ſont de trop, & doivent en être bannis; s'ils y parlent, il faut que leur converſation ſoit toujours analogue à celle des
premiers aɛteurs.

L'embarras n'eſt donc pas de donner un
caraɛtère dominant & diſtinɛtif à Ajax &

Ulyſſe, puiſqu'ils l'ont naturellement, &
qu'ils ſont les héros de la ſcène ; la difficulté conſiſte à y introduire les figurans
avec décence ; à leur donner des rôles
plus ou moins forts ; à les aſſocier aux actions de nos deux héros ; à placer adroitement des femmes dans ce Ballet ; à faire
partager à quelqu'une d'elles la ſituation
d'Ajax ; à faire pencher enfin le plus grand
nombre en faveur d'Ulyſſe. Le triomphe
de celui-ci & la mort de ſon rival préſentent à l'artiſte une foule de tableaux plus
piquans, plus pittoreſques les uns que les
autres, & dont les contraſtes & le coloris
doivent produire les plus vives ſenſations.
Il eſt aiſé de concevoir, d'après mes idées,
que le Ballet-pantomime doit toujours être
en action, & que les figurans ne doivent
prendre la place de l'acteur qui quitte la
ſcène, que pour la remplir à leur tour,
non pas ſimplement par des figures ſymétriques & des pas compaſſés , mais par
une expreſſion vive & animée, qui tienne
le ſpectateur toujours attentif au ſujet

que les acteurs précédens lui ont ex-
posé.

Mais, par un malheureux effet de l'habitude ou de l'ignorance , il est peu de
Ballets raisonnés ; on danse pour danser ;
on s'imagine que le tout consiste dans l'action des jambes, dans les sauts élevés, &
qu'on a rempli l'idée que les gens de goût
se forment d'un Ballet, lorsqu'on le charge
d'exécutans qui n'exécutent rien ; qui se
mêlent, qui se heurtent, qui n'offrent que
des tableaux froids & confus, dessinés sans
goût, groupés sans grace, privés de toute
harmonie, & de cette expression, fille du
sentiment, qui seule peut embellir l'art
en lui donnant la vie.

Il faut convenir néanmoins que l'on rencontre quelquefois dans ces sortes de compositions, des beautés de détail & quelques étincelles de génie ; mais il en est
très-peu qui forment un tout & un ensemble. Le tableau péchera ou par la composition, ou par le coloris ; ou s'il est dessiné
correctement, il n'en sera peut-être pas

moins ſans goût, ſans grace & ſans imagination.

Ne concluez pas de ce que j'ai dit plus
haut, ſur les figurans & ſur les figurantes, qu'ils doivent jouer des rôles auſſi
marqués que les premiers ſujets ; mais,
comme l'action d'un Ballet eſt tiède ſi
elle n'eſt générale, je ſoutiens qu'il faut
qu'ils y participent avec autant d'art que
de ménagement ; car il eſt important que
les ſujets chargés des principaux rôles,
conſervent de la force & de la ſupériorité
ſur les objets qui les environnent. L'art du
compoſiteur eſt donc de rapprocher & de
réunir toutes ſes idées en un ſeul point,
afin que les opérations de l'eſprit & du
génie y aboutiſſent toutes. Avec ce talent,
les caractères paroîtront dans un beau jour,
& ne ſeront ni ſacrifiés, ni effacés par les
objets qui ne ſont faits que pour leur prêter
de la vigueur & des ombres.

Un Maître de Ballets doit s'attacher à
donner à tous les acteurs danſans une action, une expreſſion & un caractère diffé-

rens ; ils doivent tous arriver au même but par des routes diverſes, & concourir unanimement & de concert, à peindre, par la vérité de leurs geſtes & de leur imitation, l'action que le Compoſiteur a pris ſoin de leur tracer. Si l'uniformité règne dans un Ballet, ſi l'on ne découvre pas cette diverſité d'expreſſion, de forme, d'attitude & de caractère, que l'on rencontre dans la nature ; ſi ces nuances délicates, mais vraies, qui peignent les mêmes paſſions avec des traits plus ou moins marqués & des couleurs plus ou moins vives, ne ſont point ménagées avec art & diſtribuées avec goût & intelligence, alors le tableau eſt à peine une copie médiocre d'un excellent original ; & comme il ne préſente aucune vérité, il n'a la force ni le droit d'émouvoir ni d'affecter.

Ce qui me choqua, il y a quelques années, dans le Ballet de Diane & Endimion que je vis exécuter à Paris, eſt moins l'exécution mécanique que la mauvaiſe diſtribution du plan. Quelle idée de ſaiſir

pour l'action, l'inftant où Diane eft occupée à donner à Endimion des marques de
fa tendreffe ? Le compofiteur eft-il excu-
fable d'affocier des payfans à cette Déeffe,
& de les rendre témoins de fa foibleffe &
de fa paffion, & peut-on pécher plus grof-
fièrement contre la vraifemblance ? Diane,
fuivant la fable, ne voyoit Endimion que
lorfque la nuit faifoit fon cours, & dans
le temps où les mortels font livrés au fom-
meil : cela ne doit-il pas exclure toute
fuite ? L'amour feul pouvoit être de la partie ; mais des payfans, des Nymphes, Diane
à la chaffe : quelle licence ! quel contre-
fens ! ou, pour mieux dire, quelle ignorance ! On voit aifément que l'auteur n'a-
voit qu'une idée confufe & imparfaite de
la fable ; qu'il a mêlé celle d'Actéon où
Diane eft dans le bain avec fes Nymphes,
à celle d'Endimion. Le nœud de ce Ballet
étoit fingulier ; les Nymphes y jouoient le
perfonnage de la chafteté ; elles vouloient
maffacrer l'amour & le berger ; mais Diane,
moins vertueufe qu'elles, & emportée par

fa

fa paſſion, s'oppoſoit à leur fureur, & vo-
loit au-devant de leurs coups. L'amour,
pour les punir de cet excès de vertu, les
rendoit ſenſibles. De la haine elles paſ-
ſoient avec rapidité à la tendreſſe, & ce
dieu les uniſſoit aux payſans. Vous voyez,
Monſieur, que ce plan eſt contre toutes
les règles, & que la conduite en eſt auſſi
peu ingénieuſe qu'elle eſt fauſſe. Je com-
prends que le compoſiteur a tout ſacrifié
à l'effet, & que la ſcène des flèches en
l'air, prêtes à percer l'amour, l'avoit
ſéduit ; mais cette ſcène étoit déplacée.
Nulle vraiſemblance d'ailleurs dans le tableau ; on avoit prêté aux Nymphes le caractère & la fureur des Bacchantes qui dé-
chirèrent Orphée ; Diane avoit moins l'expreſſion d'une amante que d'une furie ; Endimion, peu reconnoiſſant & peu ſenſible
à la ſcène qui ſe paſſoit en ſa faveur, paroiſſoit moins tendre qu'indifférent ; l'A-
mour n'étoit qu'un enfant craintif, que le
bruit intimide, & que la peur fait fuir :
tels ſont les caractères manqués qui affoi-

C

blissoient le tableau, qui le privoient de son effet, & qui attestoient l'ineptie du Compositeur.

Que les Maîtres de Ballets, qui voudront se former une idée juste de leur art, jettent attentivement les yeux sur les batailles d'Alexandre, peintes par *Lebrun*; sur celles de Louis XIV, peintes par *Vander-Meulen*: ils verront que ces deux héros, qui sont les sujets principaux de chaque tableau, ne fixent point seuls l'œil admirateur. Cette quantité prodigieuse de combattans, de vaincus & de vainqueurs, partage agréablement les regards, & concourt unanimement à la beauté & à la perfection de ces chefs-d'œuvre; chaque tête a son expression & son caractère particulier; chaque attitude a de la force & de l'énergie; les groupes, les terrassemens, les renversemens sont aussi pittoresques qu'ingénieux: tout parle, tout intéresse, parce que tout est vrai; parce que l'imitation de la nature est fidelle; en un mot, parce que tout concourt à l'effet général. Que l'on jette enſuite ſur ces tableaux un voile qui dérobe à la vue les ſiéges, les batailles, les trophées, les triomphes; que l'on ne laiſſe voir enfin que les deux héros; l'intérêt s'affoiblira : il ne reſtera que les portraits de deux grands princes.

Les tableaux exigent une action, des détails, un certain nombre de perſonnages, dont les caractères, les attitudes & les geſtes doivent être auſſi vrais & auſſi naturels qu'expreſſifs. Si le ſpectateur éclairé ne démêle point, au premier coup-d'œil, l'idée du peintre ; ſi le trait d'hiſtoire dont il a fait choix, ne ſe retrace pas à l'imagination du ſpectateur avec promptitude, la diſtribution eſt défectueuſe, l'inſtant mal choiſi, & la compoſition obſcure & de mauvais goût.

Cette différence du tableau au portrait devroit être également reçue dans la Danſe. Le Ballet, comme je le ſens, & tel qu'il doit être, ſe nomme à juſte titre Ballet ; ceux au contraire qui ſont monotones & ſans expreſſion, qui ne préſentent que des copies tièdes & imparfaites de la nature, ne doivent s'appeler que des divertiffe-mens faftidieux & inanimés.

Le Ballet eft l'image d'un tableau bien compofé, s'il n'en eft l'original. Vous me direz, peut-être, qu'il ne faut qu'un feul trait au peintre, & qu'un feul inftant pour caractérifer le fujet de fon tableau ; mais que le Ballet eft une continuité d'actions, un enchaînement de circonftances qui doit en offrir une multitude. Nous voilà d'ac-cord ; & , pour que ma comparaifon foit plus jufte, je mettrai le Ballet en action, en parallèle avec la galerie du Luxem-bourg, peinte par *Rubens* : chaque tableau préfente une fcène ; cette fcène conduit naturellement à une autre ; de fcène en fcène on arrive au dénouement, & l'œil lit fans peine & fans embarras l'hiftoire d'un prince dont la mémoire eft gravée par l'amour & la reconnoiffance dans le cœur de tous les François.

Je crois décidément, Monfieur, qu'il n'eft pas moins difficile à un peintre & à

un Maître de Ballets, de faire un poème
ou un drame en peinture & en danse, qu'il
ne l'est à un poète d'en composer un ; car,
si le génie manque, on n'arrive à rien ; ce
n'est point avec les jambes que l'on peut
peindre ; tant que la tête des danseurs ne
conduira pas leurs pieds , ils s'égareront
toujours, & leur exécution sera machinale :
& qu'est-ce que l'art de la Danse, quand il
se borne à tracer quelques pas avec une
froide régularité ?

Je suis, &c.

# LETTRE IV.

LA Danfe & les Ballets font, Monfieur, la folie du jour; ils font fuivis avec une ef-pèce de fureur, & jamais art ne fut plus encouragé par les applaudiffemens que le nôtre. La fcène françoife, la plus riche de l'Europe en drames de l'un & de l'autre genre, & la plus fertile en grands talens, a été forcée en quelque façon, pour fatis-faire au goût du public & fe mettre à la mode, d'affocier les Danfes à fes repréfen-tations.

Le goût vif & déterminé ponr les Ballets eft général; tous les Souverains en décorent leurs fpectacles, moins pour fe modeler d'après nos ufages, que pour fatisfaire l'em-preffement qu'excite cet art. La plus petite troupe de province traîne après elle un effaim de danfeurs & de danfeufes; que dis-je? les farceurs & les marchands d'orviétan comptent beaucoup plus fur la vertu de leurs Ballets, que fur celle de leur baume; c'eſt avec des entrechats qu'ils faſcinènt les yeux da la populace; & le débit de leurs remèdes augmente ou diminue à proportion que leurs divertiſſemens font plus ou moins nombreux.

L'indulgence avec laquelle le public applaudit à de ſimples ébauches, devroit, ce me ſemble, engager l'Artiſte à chercher la perfection. Les éloges doivent encourager & non éblouir au point de perſuader qu'on a tout fait, & qu'on a atteint au but auquel on peut parvenir. La ſécurité de la plupart des Maîtres, le peu de ſoins qu'ils ſe donnent pour aller plus loin, me feroient ſoupçonner qu'ils imaginent qu'il n'eſt rien au-delà de ce qu'ils ſavent, & qu'ils touchent aux bornes de l'art.

Le public, de ſon côté, aime à ſe faire une douce illuſion, & à ſe perſuader que le goût & les talens de ſon ſiècle ſont fort au deſſus de ceux des ſiècles précédens; il applaudit avec fureur aux cabrioles de nos danſeurs, & aux minauderies de nos danfeufes. Je ne parle point de cette partie du public qui en eſt l'ame & le reſſort, de ces hommes fenſés qui, dégagés des préjugés de l'habitude, gémiſſent de la dépravation du goût, qui écoutent avec tranquillité, qui regardent avec attention, qui pèſent avant de juger, & qui n'applaudiſſent jamais que lorſque les objets les remuent, les affectent & les tranſportent : ces battemens de mains prodigués au haſard ou ſans ménagement, perdent ſouvent les jeunes gens qui ſe livrent au théâtre. Les applaudiſſemens ſont les alimens des arts, je le ſais; mais ils ceſſent d'être ſalutaires, s'ils ne ſont diſtribués à propos, une nourriture trop forte, loin de former le tempérament, le dérange & l'affoiblit : les commençans au théâtre ſont l'image des enfans que l'amour trop aveugle & trop tendre de leurs parens perd ſans reſſource. On apperçoit les défauts & les imperfections, à meſure que l'illuſion s'efface & que l'enthouſiaſme de la nouveauté diminue.

La Peinture & la Danſe ont cet avantage

fur les autres Arts, qu'ils font de tous les pays, de toutes les nations; que leur langage eft univerfellement entendu, & qu'ils font par-tout une égale fenfation.

Si notre art, tout imparfait qu'il eft, féduit & enchaîne le fpectateur; fi la Danfe, dénuée des charmes de l'expreffion, caufe quelquefois du trouble, de l'émotion, & jette notre ame dans un défordre agréable; quelle force & quel empire n'auroit-elle pas fur nos fens, fi fes mouvemens étoient dirigés par l'efprit, & fes tableaux efquiffés par le fentiment! Il n'eft pas douteux que les Ballets ne deviennent rivaux de la Peinture, lorfque ceux qui les exécutent feront moins automates, & que ceux qui les compofent feront mieux organifés.

Un beau tableau n'eft qu'une copie de la nature; un beau Ballet eft la nature même, embellie de tous les charmes de l'art. Si de fimples images m'entraînent à l'illufion; fi la magie de la peinture me tranfporte; fi je fuis attendri à la vue d'un tableau; fi mon ame féduite eft vivement affectée par le preftige; fi les couleurs & les pinceaux dans les mains du Peintre habile, fe jouent de mes fens au point de me montrer la nature, de la faire parler, de l'entendre & de lui répondre, quelle fera ma fenfibilité, que deviendrai-je, & quelle fenfation n'éprouverai-je pas à la vue d'une repréfentation encore plus vraie, d'une action rendue par mes femblables ? quel empire n'auront pas fur mon imagination des tableaux vivans & variés ? Rien n'intéreffe fi fort l'humanité, que l'humanité même. Oui, Monfieur, il eft honteux que la Danfe renonce à l'empire qu'elle peut avoir fur l'ame, & qu'elle ne s'attache qu'à plaire aux yeux. Un beau Ballet eft jufqu'à préfent un être imaginaire; c'eft le phénix, il ne fe trouve point.

En vain efpèrera-t-on de lui donner une forme nouvelle, tant que l'on fera efclave des vieilles méthodes & des anciennes rubriques de l'Opéra. Nous ne voyons fur nos théâtres que des copies fort imparfaites des copies qui les ont précédées;

n'exerçons point fimplement des pas ; étu-
dions les paffions. En habituant notre ame
à les fentir, la difficulté de les exprimer
s'évanouira ; alors la phyfionomie recevra
toutes fes impreffions de l'agitation du
cœur ; elle fe caractérifera de mille manières différentes ; elle donnera de l'énergie aux mouvemens extérieurs, & peindra, avec des traits de feu, le défordre des
fens, & le tumulte qui régnera au dedans
de nous-mêmes.

Il ne faut à la Danfe qu'un beau modèle, un homme de génie, & les Ballets
changeront de caractère. Qu'il paroiffe ce
reftaurateur de la vraie Danfe, ce réfor-
mateur du faux goût & des habitudes vi-
cieufes qui ont appauvri l'art ; mais qu'il
paroiffe dans la capitale. S'il veut perfuader, qu'il deffille les yeux trop fafcinés des
jeunes danfeurs , & qu'il leur dife : « En-
» fans de Terpfichore, renoncez aux ca-
» brioles, aux entrechats & aux pas trop
» compliqués ; abandonnez la minaude-
» rie pour vous livrer aux fentimens, aux

» graces naïves & à l'expreſſion ; appli-
» quez-vous à la pantomime noble ; n'ou-
» bliez jamais qu'elle eſt l'ame de votre
» art ; mettez de l'eſprit & du raiſonne-
» ment dans vos pas de deux ; que la vo-
» lupté en caractériſe la marche, & que
» le goût en diſtribue toutes les ſitua-
» tions ; quittez ces maſques froids, co-
» pies imparfaites de la nature ; ils déro-
» bent vos traits ; ils éclipſent, pour ainſi
» dire, votre ame, & vous privent de la
» partie la plus néceſſaire à l'expreſſion :
» défaites-vous de ces perruques énormes
» & de ces coiffures giganteſques qui font
» perdre à la tête les juſtes proportions
» qu'elle doit avoir avec le corps ; ſecouez
» l'uſage de ces paniers roides & guindés
» qui privent l'exécution de ſes charmes,
» qui défigurent l'élégance des attitudes,
» & qui effacent la beauté des contours
» que le buſte doit avoir dans ſes diffé-
» rentes poſitions.

» Renoncez à cette routine ſervile qui
» retient l'art à ſon berceau ; voyez tout

» ce qui est relatif à votre talent ; soyez
» original ; faites-vous un genre d'après
» les études que vous aurez faites ; copiez,
» mais ne copiez que la nature : c'est un
» beau modèle, elle n'égara jamais ceux
» qui l'ont suivie.

» Et vous, jeunes gens, qui voulez
» faire des Ballets, & qui croyez que,
» pour y réussir, il ne s'agit que d'avoir
» figuré deux ans sous un homme de ta-
» lent, commencez par en avoir. Sans
» feu, sans esprit, sans imagination, sans
» goût & sans connoissances, osez-vous
» vous flatter d'être peintres ? Vous vou-
» lez composer d'après l'histoire, & vous
» l'ignorez ; d'après les poëtes, & vous
» ne les connoissez pas : appliquez-vous
» à les étudier ; que vos Ballets soient des
» poëmes ; apprenez l'art d'en faire un
» beau choix. N'entreprenez jamais de
» traiter de grands desseins, sans en avoir
» fait un plan raisonné ; jetez vos idées
» sur le papier, relisez-les cent fois ; di-
» visez votre drame par scènes ; que cha-

» cune d'elles foit intéreffante , & con-
» duife fucceffivement fans embarras, fans
» inutilités, à un dénouement heureux; évi-
» tez foigneufement les longueurs ; elles
» refroidiffent l'action & en ralentiffent
» la marche : fongez que les tableaux &
» les fituations font les plus beaux mo-
» mens de la compofition : faites danfer
» vos figurans & vos figurantes , mais
» qu'ils parlent & qu'ils peignent en dan-
» fant; qu'ils foient pantomimes, & que
» les paffions les métamorphofent à cha-
» que inftant. Si leurs geftes & leurs phy-
» fionomies font fans ceffe d'accord avec
» leur ame, l'expreffion qui en réfultera
» fera celle du fentiment, & vivifiera vo-
» tre ouvrage. N'allez jamais à la répéti-
» tion la tête pleine de figures & vide
» de bon fens ; foyez pénétrés de votre
» fujet ; l'imagination vivement frappée
» de l'objet que vous voudrez peindre ,
» vous fournira les traits , les pas & les
» geftes convenables. Vos tableaux auront
» du feu, de l'énergie ; ils feront pleins

» de vérité, lorsque vous serez affectés &
» remplis de vos modèles. Portez l'amour
» de votre art jusqu'à l'enthousiasme. On
» ne réussit dans les compositions théatra-
» les qu'autant que le cœur est agité, que
» l'ame est vivement émue, que l'imagi-
» nation est embrasée.

» Êtes-vous tièdes, au contraire ? votre
» sang circule-t-il paisiblement dans vos
» veines ? votre cœur est-il de glace ? vo-
» tre ame est-elle insensible ? renoncez au
» théâtre ; abandonnez un art qui n'est
» pas fait pour vous. Livrez-vous à un mé-
» tier où les mouvemens de l'ame soient
» inutiles, où le génie n'a rien à faire, &
» où il ne faut que des bras & des mains.»

Ces avis donnés & suivis, Monsieur,
délivreroient la scène d'une quantité innombrable de mauvais Danseurs, de mauvais Maîtres de Ballets, & enrichiroient
les forges & les boutiques des artisans d'un
très-grand nombre d'ouvriers plus utiles
aux besoins de la société, qu'ils ne l'étoient
à ses amusemens & à ses plaisirs.

Je suis, &c.

# LETTRE V.

POUR vous convaincre, Monsieur, de la difficulté qu'il y a d'exceller dans notre art, je vais vous faire l'esquisse des connoissances que nous devrions avoir ; connoissances qui, tout indispensables qu'elles sont, ne caractérisent cependant pas distinctement le Maître de Ballets ; car on pourroit les posséder sans être capable de composer le moindre tableau, de créer le moindre groupe, & d'imaginer la moindre situation.

A en juger par la quantité prodigieuse des Maîtres en ce genre qui se trouvent répandus dans l'Europe, on seroit tenté de croire que cet art est aussi facile qu'il est agréable ; mais, ce qui prouve clairement qu'il est mal-aisé d'y réussir & de le porter à la perfection, c'est que ce titre de Maître de Ballets, si légèrement usurpé, n'est que trop rarement mérité. Nul d'entre

eux

eux ne peut exceller, s'il n'eſt véritablement favoriſé par la nature. De quoi
peut-on être capable ſans le ſecours du
génie, de l'imagination & du goût ? Comment ſurmonter les obſtacles, applanir les
difficultés, & franchir les bornes de la médiocrité, ſi l'on n'a reçu en partage le
germe de ſon art ; ſi l'on n'eſt enfin doué de
tous les talens que l'étude ne donne point,
qui ne peuvent s'acquérir par l'habitude,
& qui, innés dans l'artiſte, ſont les forces
qui lui prêtent des ailes, & qui l'élèvent
d'un vol rapide au plus haut point de perfection & au plus haut degré de ſon art?

Si vous conſultez Lucien, vous appren-
drez de lui, Monſieur, toutes les qualités
qui diſtinguent & qui caractériſent le grand
Maître de Ballets, & vous verrez que l'hiſtoire, la fable, les poèmes de l'antiquité
& la ſcience des temps exigent toute ſon
application. Ce n'eſt en effet que d'après
d'exactes connoiſſances dans toutes ces
parties, que nous pouvons eſpérer de réuſſir dans nos compoſitions. Réuniſſons le

génie du Poëte & le génie du Peintre,
l'un pour concevoir, l'autre pour exécuter.

Une teinture de géométrie ne peut être
encore que très-avantageuse : elle répandra de la netteté dans les figures, de l'ordre dans les combinaisons, de la précision
dans les formes. En abrégeant les longueurs, elle prêtera de la justesse à l'exécution.

Le Ballet est une espèce de machine
plus ou moins compliquée, dont les différens effets ne frappent & ne surprennent
qu'autant qu'ils sont prompts & multipliés.
Ces liaisons & ces suites de figures, ces
mouvemens qui se succèdent avec rapidité,
ces formes qui tournent dans des sens contraires, ce mélange d'enchaînemens, cet
ensemble & cette harmonie qui règnent
dans les temps & dans les développemens,
tout ne vous peint-il pas l'image d'une machine ingénieusement construite ?

Les Ballets, au contraire, qui traînent
après eux le désordre & la confusion, dont
la marche est inégale, dont les figures

font brouillées, ne reſſemblent-ils pas à ces ouvrages de mécanique mal combinés, qui, chargés d'une quantité immenſe de roues & de reſſorts, trompent l'attente de l'Artiſte & l'eſpérance du public, parce qu'ils péchent également par les propor-tions & la juſteſſe?

Nos productions tiennent ſouvent en-core du merveilleux. Pluſieurs d'entre elles exigent des machines : il eſt, par exemple, peu de ſujets dans Ovide, que l'on puiſſe rendre ſans y aſſocier les changemens, les vols, les métamorphoſes, &c. Il faut donc qu'un Maître de Ballets renonce aux ſu-jets de ce genre, s'il n'eſt machiniſte lui-même. On ne trouve malheureuſement en province que des manœuvres ou des garçons de théâtre, que la protection co-mique élève par degrés à ce grade ; leurs talens conſiſtent & ſe renferment dans la ſcience de lever les luſtres qu'ils ont mou-chés long-temps, ou dans celle de faire deſcendre par ſaccades une Gloire mal équi-pée. Les théâtres d'Italie ne brillent point

par les machines ; ceux de l'Allemagne,
conftruits fur les mêmes plans, font également privés de cette partie magique du
fpectacle ; enforte qu'un Maître de Ballets
fe trouve fort embarraffé fur ces théâtres,
s'il n'a quelque connoiffance du mécanifme, s'il ne peut développer fes idées
avec clarté & conftruire à cet effet de petits modèles, qui fervent toujours plus à
l'intelligence des ouvriers que tous les
difcours, quelque clairs & quelque précis
qu'ils puiffent être.

Les théâtres de Paris & de Londres font
ceux où l'on trouve dans ce genre les plus
grandes reffources. Les Anglois font ingénieux ; leurs machines de théâtre font plus
fimplifiées que les nôtres; auffi les effets en
font-ils auffi prompts que fubtils. Chez
eux, tous les ouvrages qui concernent la
manœuvre font d'un fini & d'une délica-
teffe admirables ; cette propreté, ce foin
& cette exactitude qu'ils emploient dans
les plus petites parties, peuvent contribuer
fans doute à la viteffe & à la précifion. C'eft

principalement dans leurs pantomimes , genre trivial, fans goût, fans intérêt, d'une intrigue baffe, que les chefs - d'œuvre du mécanifme fe déploient. On peut dire que ce fpectacle, qui entraîne après lui des dé- penfes immenfes, n'eft fait que pour des yeux que rien ne peut bleffer, & qu'il réuffiroit médiocrement fur nos théâtres, où l'on n'aime la plaifanterie qu'autant qu'elle eft affociée à la décence, qu'elle eft fine & délicate , & qu'elle ne bleffe ni les mœurs ni le goût.

Un Compofiteur qui veut s'élever au deffus du commun, doit étudier les Pein- tres, & les fuivre dans leurs différentes manières de compofer & de faire. Son art a le même objet à remplir que le leur, foit pour la reffemblance, le mélange des cou- leurs, le *clair-obfcur* ; foit pour la manière de grouper & de draper les figures , de les pofer dans des attitudes élégantes, de leur donner enfin du caractère, du feu, de l'ex- preffion : or, le Maître de Ballets pourra- t-il réuffir , s'il ne réunit les parties &

les qualités qui conſtituent le grand Peintre ?

Je pars de ce principe, pour oſer croire
que l'étude de l'Anatomie jettera de la
netteté dans les préceptes qu'il donnera
aux ſujets qu'il voudra former : il démê-
lera dès-lors aiſément les vices de conformation, & les défauts d'habitude qui s'oppoſent ſi ſouvent aux progrès des élèves.
Connoiſſant la cauſe du mal, il y remédiera
facilement ; dirigeant ſes leçons & ſes préceptes d'après un examen ſage & exact,
ils ne porteront jamais à faux. C'eſt au peu
d'application que les Maîtres apportent à
dévoiler la conformation de leurs écoliers
( conformation qui varie tout autant que
les phyſionomies ), que l'on doit cette
nuée de mauvais danſeurs, qui ſeroit moindre ſans doute, ſi on avoit eu le talent de
les placer dans le genre qui leur étoit
propre.

M. *Bourgelat*, écuyer du Roi, chef de
l'Académie de Lyon, auſſi cher aux étrangers
qu'à ſa nation, ne s'eſt pas borné à exercer

des chevaux une grande partie de sa vie;
il en a soigneusement recherché la nature;
il en a reconnu jusqu'aux fibres les plus
déliées. Ne croyez pas que les maladies de
ces animaux aient été l'unique but de ses
études anatomiques; il a forcé, pour ainsi
dire, la nature à lui avouer ce qu'elle avoit
constamment refusé de révéler jusqu'à lui;
la connoissance intime de la succession harmonique des membres du cheval dans
toutes ses allures & dans tous les *airs*, ainsi
que la découverte de la source, du principe & des moyens de tous les mouvemens
dont l'animal est susceptible, l'ont conduit
à une méthode unique, simple, facile, qui
tend à ne jamais rien exiger du cheval que
dans des temps justes, naturels & possibles;
temps qui font les seuls où l'exécution
n'est point pénible à l'animal, & où il ne
sauroit se soustraire à l'obéissance.

Le Peintre n'étudie point aussi l'Anatomie pour peindre des squelettes; il ne dessine point d'après l'écorché de *Michel-Ange*
pour placer ces figures hideuses dans ses

tableaux ; cependant ces études lui font abfolument utiles pour rendre l'homme dans fes proportions, & pour le deffiner dans fes mouvemens & dans fes attitudes.

Si le *nu* doit fe faire fentir fous la draperie, il faut encore que les os fe faffent fentir fous les chairs. Il eft effentiel de difcerner la place que chaque partie doit occuper : l'homme enfin doit fe trouver fous la draperie, l'écorché fous la peau, & le fquelette fous les chairs, pour que la figure foit deffinée dans la vérité de la nature, & dans les proportions raifonnées de l'art.

Le deffin eft trop utile aux Ballets, pour que ceux qui les compofent ne s'y attachent pas férieufement. Il contribuera à l'agrément des formes ; il répandra de la nouveauté & de l'élégance dans les figures, de la volupté dans les groupes, des graces dans les pofitions du corps, de la précifion & de la juftesse dans les attitudes. Néglige-t-on le deffin, on commet des fautes groffières dans la compofition. Les têtes ne fe trouvent plus placées agréablement,

& contraſtent mal avec les effacemens du corps ; les bras ne ſont plus poſés dans des ſituations aiſées ; tout eſt lourd , tout annonce la peine , tout eſt privé d'enſemble & d'harmonie.

Le Maître de Ballets qui ignorera la muſique, *phraſera* mal les airs ; il n'en ſaiſira pas l'eſprit & le caractère ; il n'ajuſtera pas les mouvemens de la Danſe à ceux de la meſure avec cette préciſion & cette fineſſe d'oreille qui ſont abſolument néceſſaires , à moins qu'il ne ſoit doué de cette ſenſibilité d'organe que la nature donne plus communément que l'art , & qui eſt fort au deſſus de celle que l'on peut acquérir par l'application & l'exercice.

Le bon choix des airs eſt une partie auſſi eſſentielle à la Danſe , que le choix des mots & le tour des phraſes l'eſt à l'éloquence. Ce ſont les mouvemens & les traits de la muſique qui fixent & déterminent tous ceux du danſeur. Le chant des airs eſt-il uniforme & ſans goût , le Ballet ſe modèlera ſur ce chant ; il ſera froid & languiſſant.

Par le rapport intime qui se trouve entre la Musique & la Danse, il n'est pas douteux, Monsieur, qu'un Maître de Ballets retirera des avantages certains de la connoissance-pratique de cet art; il pourra communiquer ses idées au Musicien; & s'il joint le goût au savoir, il composera ses airs lui-même, ou il fournira au Compositeur les principaux traits qui doivent caractériser son action : ces traits étant expressifs & variés, la Danse ne pourra manquer de l'être à son tour. La musique bien faite doit peindre, doit parler : la Danse, en imitant ses sons, sera l'écho qui répétera tout ce qu'elle articulera. Est-elle muette, au contraire, ne dit-elle rien au danseur, il ne peut lui répondre ; & dès-lors, tout sentiment, toute expression sont bannis de l'exécution.

Rien n'étant indifférent au génie, rien ne doit l'être au Maître de Ballets. Il ne peut se distinguer dans son art, qu'autant qu'il s'appliquera à l'étude de ceux dont je viens de parler : exiger qu'il les possède tous dans un degré de supériorité qui n'eſt réſervé qu'à ceux qui ſe livrent particulièrement à chacun d'eux, ce ſeroit demander l'impoſſible; mais s'il n'en a pas la pratique, il doit en avoir l'eſprit.

Je ne veux que des connoiſſances générales, qu'une teinture de chacune des ſciences qui, par le rapport qu'elles ont entr'elles, peuvent concourir à l'embelliſſement & à la gloire de la nôtre.

Tous les arts ſe tiennent par la main, & ſont l'image d'une famille nombreuſe qui cherche à s'illuſtrer. L'utilité dont ils ſont à la ſociété, excite leur émulation; la gloire eſt leur but; ils ſe prêtent mutuellement des ſecours pour y atteindre. Chacun d'eux prend des routes oppoſées, comme chacun d'eux a des principes différens; mais on y trouve cependant certains traits frappans, certain air de reſſemblance, qui annonce leur union intime & le beſoin qu'ils ont les uns des autres pour s'élever, pour s'embellir & pour ſe perpétuer.

De ce rapport des arts, de cette harmo-

nie qui règne entr'eux, il faut conclure,
Monſieur, que le Maître de Ballets, dont
les connoiſſances ſeront le plus étendues,
& qui aura le plus de génie & d'imagination, ſera celui qui mettra le plus de feu,
de vérité, d'eſprit & d'intérêt dans ſes
compoſitions.

Je ſuis, &c.

# LETTRE VI.

Si les arts s'entre-aident, Monsieur, s'ils offrent des secours à la Danse, la nature semble s'empresser à lui en présenter à chaque instant de nouveaux; la cour & le village, les élémens, les saisons, tout concourt à lui fournir les moyens de se varier & de plaire.

Un Maître de Ballets doit donc tout voir, tout examiner, puisque tout ce qui existe dans l'univers peut lui servir de modèle.

Que de tableaux diversifiés ne trouvera-t-il pas chez les artisans ! Chacun d'eux a des attitudes différentes, relativement aux positions & aux mouvemens que leurs travaux exigent. Cette allure, ce maintien, cette façon de se mouvoir, toujours analogue à leur métier, & toujours comique, doit être saisie par le Compositeur: elle est d'autant plus facile à imiter, qu'elle

eſt ineffaçable chez les gens de métier,
euſſent-ils même fait fortune & abandonné
leurs profeſſions ; effets ordinaires de l'habitude , lorſqu'elle eſt contractée par le
temps , & fortifiée par les peines & les travaux.

Que de tableaux bizarres & ſinguliers ne
trouvera-t-il pas encore dans la multitude
de ces oiſifs agréables, de ces petits-maî-
tres ſubalternes , qui ſont les ſinges & les
caricatures des ridicules de ceux à qui
l'âge , le nom où la fortune ſemblent donner des privilèges de frivolité, d'inconſé-
quence & de fatuité !

Les embarras des rues , les promenades
publiques , les guinguettes , les amuſe-
mens & les travaux de la campagne, une
noce villageoiſe, la chaſſe, la pêche, les
moiſſons , les vendanges , la manière ruſ-
tique d'arroſer une fleur , de la préſenter
à ſa bergère, de dénicher des oiſeaux, de
jouer du chalumeau, tout lui offre des tableaux pittoreſques & variés , d'un genre
& d'un coloris différens.

Un camp, des évolutions militaires, les exercices, les attaques & les défenses des places, un port de mer, une rade, un embarquement & un débarquement : voilà des images qui doivent attirer nos regards, & porter notre art à sa perfection, si l'exécution en est naturelle.

Les chefs-d'œuvre des *Racines*, des *Corneilles*, des *Voltaires*, des *Crébillons*, ne peuvent-ils pas encore servir de modéle à la Danse dans le genre noble ? Ceux des *Molieres*, des *Regnards* & de plusieurs Auteurs célèbres, ne nous présentent-ils pas des tableaux d'un genre moins élevé ? Je vois le peuple dansant se récrier à cette proposition; je l'entends qui me traite d'insensé : mettre des tragédies & des comédies en danse, quelle folie ! Y a-t-il de la possibilité ? Oui, sans doute : resserrez l'action de l'*Avare*, retranchez de cette piéce tout dialogue tranquille, rapprochez les incidens, réunissez tous les tableaux épars de ces drames, & vous réussirez.

Vous rendrez intelligiblement la scène

de la bague, celle où l'Avare fouille La Flèche, celle où Frofine l'entretient de fa maîtreffe; vous peindrez le défefpoir & la fureur d'Harpagon, avec des couleurs auffi vives que celles que Molière a employées, fi toutefois vous avez une ame. Tout ce qui peut fervir à la Peinture, doit fervir à la Danfe: que l'on me prouve que les pièces des Auteurs que je viens de nommer font dépourvues de caractère, dénuées d'intérêt, privées de fituations fortes, & que les *Bouchers* & les *Vanloos* ne pourront jamais imaginer, d'après ces chefs-d'œuvre, que des tableaux froids & défagréables; alors je conviendrai que ce que j'ai avancé n'eft qu'un paradoxe: mais s'il peut réfulter de ces pièces une multitude d'excellens tableaux, j'ai gain de caufe; ce n'eft plus ma faute fi les Peintres pantomimes nous manquent, & fi le génie ne fraie point avec nos danfeurs.

*Batyle, Pilade, Hylas,* ne fuccédèrent-ils pas aux comédiens, lorfque ceux-ci furent bannis de Rome? ne commencèrent-ils pas

à

à repréfenter en *pantomime* les fcènes des meilleures pièces de ce temps? Encouragés par leurs fuccès, ils tentèrent de jouer des actes féparés, & la réuffite de cette entreprife les détermina enfin à donner des pièces entières, qui furent reçues avec des applaudiffemens univerfels.

Mais ces pièces, dira-t-on, étoient généralement connues; elles fervoient, pour ainfi dire, de programme aux fpectateurs, qui, les ayant gravées dans la mémoire, fuivoient l'Acteur fans peine, & le devinoient même avant qu'il s'exprimât. N'aurons-nous pas les mêmes avantages, lorfque nous mettrons en Danfe les drames les plus eftimés de notre théâtre? Serions-nous moins bien organifés que les Danfeurs de Rome? & ce qui s'eft fait du temps d'*Augufte*, ne peut-il fe faire aujourd'hui? Ce feroit avilir les hommes que de le penfer, & déprifer le goût & l'efprit de notre fiècle, que de le croire.

Revenons à mon fujet. Il faut qu'un Maître de Ballets connoiffe les beautés &

E

les imperfections de la nature. Cette étude
le déterminera toujours à en faire un beau
choix ; ces peintures d'ailleurs pouvant être
tour-à-tour hiftoriques, poétiques, critiques, allégoriques & morales, il ne peut
fe difpenfer de prendre des modèles dans
tous les rangs, dans tous les états, dans
toutes les conditions. A-t-il de la célébrité,
il pourra, par la magie & les charmes de
fon art, ainfi que le Peintre & le Poète,
faire détefter & punir les vices, récom-
penfer & chérir les vertus.

Si le Maître de Ballets doit étudier la
nature, & en faire un beau choix ; fi le choix
des fujets qu'il veut traiter en Danfe, con·
tribue en partie à la réuffite de fon ouvrage,
ce n'eft qu'autant qu'il aura l'art & le génie de les embellir, de les difpofer & de
les diftribuer d'une manière noble & pittorefque.

Veut-il peindre, par exemple, la jaloufie & tous les mouvemens de fureur & de
défefpoir qui la fuivent, qu'il prenne pour
modèle un homme dont la férocité & la

brutalité naturelle foit corrigée par l'éducation; un porte-faix feroit dans fon genre un modèle auffi vrai, mais il ne feroit pas fi beau; le bâton dans fes mains fuppléeroit au défaut d'expreffion; & cette imitation, quoique prife dans la nature, révolteroit l'humanité, & ne traceroit que le tableau choquant de fes imperfections. D'ailleurs, l'action d'un crocheteur jaloux fera moins pittorefque que celle d'un homme dont les fentimens feront élevés. Le premier fe vengera dans l'inftant, en faifant fentir le poids de fon bras; le fecond, au contraire, luttera contre les idées d'une vengeance auffi baffe que déshonorante; ce combat intérieur de la fureur & de l'élévation de l'ame, prêtera de la force & de l'énergie à fa démarche, à fes geftes, à fes attitudes, à fa phyfionomie, à fes regards : tout caractérifera fa paffion ; tout décélera la fituation de fon cœur: les efforts qu'il fera fur lui-même pour modérer les mouvemens dont il fera tourmenté, ne ferviront qu'à les faire éclater avec plus de véhémence

& de vivacité : plus sa passion sera contrainte , plus la chaleur sera concentrée , & plus l'effet sera attachant.

L'homme grossier & rustique ne peut fournir au Peintre qu'un seul instant ; celui qui suit sa vengeance est toujours celui d'une joie basse & triviale. L'homme bien né lui en présente au contraire une multitude ; il exprime sa passion & son trouble de cent manières différentes , & l'exprime toujours avec autant de feu que de noblesse. Que d'oppositions & de contrastes dans ses gestes ! que de gradations & de dégradations dans ses emportemens ! que de nuances & de transitions différentes sur sa physionomie ! que de vivacité dans ses regards ! quelle expression, quelle énergie dans son silence ! L'instant où il est détrompé offre encore des tableaux plus variés, plus séduisans, & d'un coloris plus tendre & plus agréable. Ce sont tous ces traits que le Maître de Ballets doit saisir.

Les Compositeurs célèbres, ainsi que les Poëtes & les Peintres illustres, se dégradent

toujours lorfqu'ils emploient leur temps
& leur génie à des productions d'un genre
bas & trivial. Les grands hommes ne doivent créer que de grandes chofes, & abandonner toutes celles qui font puériles à ces
êtres fubalternes, à ces demi - talens, dont
l'exiftence ne marque que par le ridicule.

La nature ne nous offre pas toujours des
modèles parfaits; il faut donc avoir l'art de
les corriger, de les placer dans des difpofitions agréables, dans des jours avantageux,
dans des fituations heureufes, qui, dérobant
aux yeux ce qu'ils ont de défectueux, leur
prêtent encore les graces & les charmes
qu'ils devroient avoir pour être vraiment
beaux.

Le difficile, comme je l'ai déja dit, eft d'embellir la nature fans la défigurer ; de favoir
conferver tous fes traits, & d'avoir le talent
de les adoucir ou de leur donner de la
force. L'inftant eft l'ame des tableaux ; il
eft mal-aifé de le faifir, encore plus mal-
aifé de le rendre avec vérité. La nature !
la nature ! & nos compofitions feront belles:

renonçons à l'art, s'il n'emprunte ſes traits,
s'il ne ſe pare de ſa ſimplicité ; il n'eſt ſéduiſant qu'autant qu'il ſe déguiſe, & il ne
triomphe véritablement que lorſqu'il eſt
méconnu & qu'on le prend pour elle.

Je crois, Monſieur, qu'un Maître de Ballets qui ne ſait point parfaitement la Danſe,
ne peut compoſer que médiocrement. J'entends par Danſe, le ſérieux ; il eſt la baſe
fondamentale du Ballet. En ignore - t - on
les principes, on a peu de reſſources ; il
faut dès - lors renoncer au grand, abandonner l'hiſtoire, la fable, les genres na-
tionnaux, & ſe livrer uniquement à ces
Ballets de payſans, dont on eſt rebattu &
ennuyé depuis *Foſſan*, cet excellent Danſeur comique, qui apporta en France la
fureur de ſauter. Je compare la belle Danſe
à une mère-langue ; les genres mixtes &
corrompus qui en dérivent, à ces jargons
que l'on entend à peine, & qui varient à
proportion que l'on s'éloigne de la Capitale où règne le langage épuré.

Le mélange des couleurs, leur dégradation & les effets qu'elles produifent à la lumière, doivent fixer encore l'attention du Maître de Ballets; ce n'eft que d'après l'expérience que j'ai fenti le relief que ces effets donnent aux figures, la netteté qu'ils répandent dans les formes, de l'élégance qu'ils prêtent aux groupes. J'ai fuivi dans *les Jaloufies*, ou *les Fêtes du ferrail*, la dégradation des lumières que les Peintres obfervent dans leurs tableaux; les couleurs fortes & entières tenoient la première place & formoient les parties avancées de celui - ci; les couleurs moins vives & moins éclatantes étoient employées enfuite. J'avois réfervé les couleurs tendres & vaporeufes pour les fonds; la même dégradation étoit obfervée encore dans les tailles. L'exécution fe reffentit de cette heureufe diftribution; tout étoit d'accord, tout étoit tranquille; rien ne fe heurtoit, rien ne fe détruifoit; cette harmonie féduifoit l'œil, qui embraffoit toutes les parties fans fe fatiguer; mon Ballet eut d'autant plus de fuccès, que dans celui que j'ai intitulé le *Ballet Chinois*, & que je remis à Lyon (1), le mauvais arrangement des couleurs & leur mélange choquant blessoit les yeux ; toutes les figures papillotoient & paroissoient confuses, quoique dessinées correctement ; rien enfin ne faisoit l'effet qu'il auroit dû faire. Les habits *tuèrent* pour ainsi dire l'ouvrage, parce qu'ils étoient dans les mêmes teintes que la décoration : tout étoit riche, tout étoit brillant en couleurs ; tout éclatoit avec la même prétention ; aucune partie n'étoit sacrifiée, & cette égalité dans les objets privoit le tableau de son effet, parce que rien n'étoit en opposition. L'œil du spectateur fatigué ne distinguoit aucune forme. Cette multitude de Danseurs qui traînoient après eux le brillant de l'*oripeau* & l'assemblage bizarre des couleurs, éblouissoient les yeux sans les satisfaire. La distribution des habits étoit telle, que l'homme cessoit de paroître dès

_______________

(1) Ce Ballet a été depuis donné à Paris & à Londres, avec des habits pleins de goût, de la composition du sieur Boquet, Dessinateur de l'Académie Royale de Musique.

l'inſtant qu'il ceſſoit de ſe mouvoir; cependant ce Ballet fut rendu avec toute la préciſion poſſible. La beauté du théâtre lui donnoit une élégance & une netteté qu'il ne pouvoit avoir à Paris, ſur celui de M. *Monnet*; mais, ſoit que les habits & la décoration n'aient pas été d'accord, ſoit enfin que le genre que j'ai adopté l'emporte ſur celui que j'ai quitté, je ſuis obligé de convenir que de tous mes Ballets, c'eſt celui qui a fait ici le moins de ſenſation.

La dégradation dans les tailles & dans les couleurs des vêtemens eſt inconnue au théâtre; ce n'eſt pas la ſeule partie qu'on y néglige : mais cette négligence ne me paroît pas excuſable dans de certaines circonſtances, ſur-tout à l'Opéra, théâtre de la fiction; théâtre où la peinture peut déployer tous ſes tréſors; théâtre qui, ſouvent dénué d'action forte & privé d'intérêt vif, doit être riche en tableaux de tous les genres, ou du moins devroit l'être.

Une décoration, de quelque eſpèce qu'elle ſoit, eſt un grand tableau préparé pour recevoir des figures. Les actrices & les acteurs, les danseurs & les danseuses sont les personnages qui doivent l'orner & l'embellir; mais pour que ce tableau plaise & ne choque point la vue, il faut que de justes proportions brillent également dans les différentes parties qui le composent.

Si dans une décoration représentant un temple ou un palais or & azur, les habillemens des acteurs sont bleu & or, ils détruiront l'effet de la décoration, & la décoration, à son tour, privera les habits de l'éclat quils auroient eu sur un fond plus tranquille. Une telle distribution dans les couleurs éclipsera le tableau; le tout ne formera qu'un camaïeu; & ce coup-d'œil monotone fatiguera bientôt l'œil, & prêtera son uniformité & sa froideur à l'action.

Les couleurs des draperies & des habillemens doivent trancher sur la décoration; je la compare à un beau fond: s'il n'est tranquille, s'il n'est harmonieux, si les couleurs en sont trop vives & trop brillantes, il détruira le charme du tableau; il privera

les figures du relief qu'elles doivent avoir ;
rien ne se détachera, parce que rien ne sera
ménagé avec art, & le papillotage qui résul-
tera de la mauvaise entente des couleurs,
ne présentera qu'un panneau de découpures,
enluminé sans goût & sans intelligence.

Dans les décorations d'un beau simple &
peu varié de couleurs, les habits riches &
éclatans peuvent être admis, ainsi que tous
ceux qui seront coupés par des couleurs
vives & entières.

Dans les décorations de goût & d'idée,
comme Palais Chinois, Place publique de
Constantinople, ornés pour une fête, genre
bizarre qui ne soumet la composition à aucune règle sévère, qui laisse un champ
libre au génie, & dont le mérite augmente
à proportion de la singularité que le Peintre y répand ; dans ces sortes de décorations, dis-je, brillantes en couleurs, char-
gées d'étoffes rehaussées d'or & d'argent,
il faut des habits drapés dans le *costume*,
mais il les faut simples, & dans des nuances
entièrement opposées à celles qui éclatent

le plus dans la décoration. Si l'on n'obferve exactement cette règle, tout fe détruira, faute d'ombres & d'oppofitions ; tout doit être d'accord, tout doit être harmonieux au théâtre : lorfque la décoration fera faite pour les habits, & les habits pour la décoration, le charme de la repréfentation fera complet.

Les Artiftes fur-tout, & les gens de goût fentiront la juftefle & l'importance de cette obfervation.

La dégradation des tailles ne doit pas être obfervée moins fcrupuleufement dans les inftans où la Danfe fait partie de la décoration. L'Olympe ou le Parnafle font du nombre de ces morceaux où le Ballet forme & compofe les trois quarts du tableau ; morceaux qui ne peuvent féduire & plaire fi le Peintre & le Maître de Ballets ne font d'accord fur les proportions, la diftribution & les attitudes des perfonnages.

Dans un fpectacle auffi riche en reffources que celui de notre Opéra, n'eft-il pas choquant & ridicule de ne point trouver de dégradations dans les tailles, lorſqu'on s'y attache & qu'on s'en occupe dans les morceaux de peinture qui ne ſont qu'acceſ-ſoires au tableau? Jupiter, par exemple, au haut de l'Olympe, ou Apollon au ſom-met du Parnaſſe, ne devroient-ils pas pa-roître plus petits, à raiſon de l'éloignement, que les Divinités & les Muſes, qui, étant au deſſous d'eux, ſont plus rapprochés du ſpectateur? Si, pour faire illuſion, le Pein-tre ſe ſoumet aux règles de la perſpective, d'où vient que le Maître de Ballets, qui eſt Peintre lui-même, ou qui devroit l'être, en ſecoue le joug? Comment les tableaux plairont-ils, s'ils ne ſont vraiſemblables, s'ils ſont ſans proportion, & s'ils pèchent contre les règles que l'art a puiſées dans la nature par la comparaiſon des objets? C'eſt dans les tableaux fixes & tranquilles de la Danſe que la dégradation doit avoir lieu; elle eſt moins importante dans ceux qui varient & qui ſe forment en danſant. J'entends par tableaux fixes tout ce qui fait groupe dans l'éloigne-ment, tout ce qui eſt dépendant de la décoration, & qui, d'accord avec elle, forme une grande machine bien entendue.

Mais comment, me direz - vous, obfer-ver cette dégradation ? Si c'eft un *Veftris* qui danfe Apollon , faudra-t-il priver le Ballet de cette reffource, & facrifier tout le charme qu'il y répandra, au charme d'un feul inftant ? Non, certes ; mais on pren-dra pour le tableau tranquille, un Apollon proportionné aux différentes parties de la machine ; un jeune homme de quinze ans, que l'on habillera de même que le vérita-ble Apollon : il defcendra du Parnaffe, &, à l'aide des ailes de la décoration , on l'*ef-camotera*, pour ainfi dire , en fubftituant à fa place la taille élégante & le talent fu-périeur.

C'eft par des épreuves réitérées que je me fuis convaincu des effets admirables que produifent les dégradations. Le premier effai que j'en fis , & qui me réuffit, fut dans un Ballet de Chaffeurs ; & cette idée, peut-être neuve dans les Ballets , fut enfantée par l'impreffion que me fit une faute grof-

de dégradations dans les tailles, lorsqu'on s'y attache & qu'on s'en occupe dans les morceaux de peinture qui ne font qu'accessoires au tableau? Jupiter, par exemple, au haut de l'Olympe, ou Apollon au sommet du Parnasse, ne devroient-ils pas paroître plus petits, à raison de l'éloignement, que les Divinités & les Mules, qui, étant au dessous d'eux, font plus rapprochés du spectateur? Si, pour faire illusion, le Peintre fe soumet aux règles de la perspective, d'où vient que le Maître de Ballets, qui est Peintre lui-même, ou qui devroit l'être, en secoue le joug? Comment les tableaux plairont-ils, s'ils ne font vraisemblables, s'ils font sans proportion, & s'ils pèchent contre les règles que l'art a puisées dans la nature par la comparaison des objets? C'est dans les tableaux fixes & tranquilles de la Danse que la dégradation doit avoir lieu; elle est moins importante dans ceux qui varient & qui fe forment en danfant. J'entends par tableaux fixes tout ce qui fait groupe dans l'éloignement, tout ce qui est dépendant de la décoration, & qui, d'accord avec elle, forme une grande machine bien entendue.

Mais comment, me direz - vous, obfer-ver cette dégradation ? Si c'eft un *Veftris* qui danfe Apollon , faudra-t-il priver le Ballet de cette reffource, & facrifier tout le charme qu'il y répandra, au charme d'un feul inftant ? Non, certes ; mais on pren-dra pour le tableau tranquille, un Apollon proportionné aux différentes parties de la machine ; un jeune homme de quinze ans , que l'on habillera de même que le vérita-ble Apollon : il defcendra du Parnaffe, &, à l'aide des ailes de la décoration , on l'*ef-camotera*, pour ainfi dire , en fubftituant à fa place la taille élégante & le talent fu-périeur.

C'eft par des épreuves réitérées que je me fuis convaincu des effets admirables que produifent les dégradations. Le premier effai que j'en fis , & qui me réuffit, fut dans un Ballet de Chaffeurs; & cette idée , peut-être neuve dans les Ballets , fut enfantée par l'impreffion que me fit une faute groffière de M. *Servandoni* ; faute d'inattention, & qui ne peut détruire le mérite de cet Artifte : c'étoit, je crois, dans la repréfentation de la *Forêt enchantée*, fpeɗacle plein de beauté, & tiré du *Taffe*. Un pont fort éloigné étoit placé à la droite du théâtre ; un grand nombre de cavaliers défiloient ; chacun d'eux avoit l'air & la taille gigantefque, & paroiffoit beaucoup plus grand que la totalité du pont ; les chevaux poftiches étoient plus petits que les hommes, & ces défauts de proportion choquèrent les yeux même les moins exercés. Ce pont pouvoit avoir de juftes proportions avec la décoration, mais il n'en avoit pas avec les objets vivans qui devoient le paffer : il falloit donc ou les fupprimer, ou leur en fubftituer de plus petits ; des enfans, par exemple, montés fur des chevaux modelés, proportionnés à leurs tailles & au pont, qui, dans cette circonftance, étoit la partie qui devoit régler & déterminer le Décorateur, auroient produit l'effet le plus féduifant & le plus vrai.

J'essayai donc, dans une chasse, d'exécuter ce que j'avois desiré dans le spectacle de *Servandoni*; la décoration représentoit une *Forêt*, dont les routes étoient parallèles au spectateur. Un pont terminoit le tableau, en laissant voir derrière lui un paysage fort éloigné. J'avois divisé cette entrée en six classes toutes dégradées; chaque classe étoit composée de trois chasseurs & de trois chasseresses, ce qui formoit en tout le nombre de trente-six figurans ou figurantes : les tailles de la première classe traversoient la route la plus proche du spectateur; celles de la seconde les remplaçoient en parcourant la **route** suivante ; & celles de la troisième leur succédoient en passant à leur tour sous la troisième route, ainsi du reste, jusqu'à ce qu'enfin la dernière classe, composée de petits enfans, termina cette course en passant sur le pont. La dégradation étoit si correctement observée, que l'œil s'y trompoit ; ce qui n'étoit qu'un effet de l'art & des proportions, avoit l'air le plus vrai & le plus naturel : la fiction étoit telle, que

le

le public n'attribuoit cette dégradation qu'à l'éloignement des objets, & qu'il s'imaginoit que c'étoit toujours les mêmes chasseurs & les mêmes chasseresses qui parcouroient les différens chemins de la forêt. La musique avoit la même dégradation dans les sons, & devenoit plus douce à mesure que la chasse s'enfonçoit dans la forêt, qui étoit vaste & peinte de bon goût.

Je ne saurois vous dire le plaisir que me procura cette idée mise en exécution, dont l'exécution surpassa même mon attente, & qui fut généralement sentie.

Voilà, Monsieur, l'illusion que produit le théâtre, lorsque toutes les parties en sont d'accord, & que les Artistes prennent la nature pour leur guide & leur modèle.

Je crois que j'aurai à peu près rempli l'objet que je me suis proposé dans cette Lettre, en vous faisant faire encore une observation sur l'entente des couleurs. *Les Jalousies* ou *les Fêtes du Sérail* vous ont offert l'esquisse de la distribution qui doit régner dans les quadrilles des Ballets ; mais

F

comme il eft plus ordinaire d'habiller les danfeurs & les danfeufes uniformément, j'ai fait une épreuve qui m'a réuffi, & qui ôte à l'uniformité des habits le ton dur & monotone qu'ils ont ordinairement; c'eft la dégradation exacte de la même couleur, divifée dans toutes les nuances, depuis le bleu foncé, jufqu'au bleu le plus tendre; depuis le rofe vif, jufqu'au rofe pâle; depuis le violet, jufqu'au lilas clair : cette diftribution donne du jeu & de la netteté aux figures; tout fe détache & fuit dans de juftes proportions; tout enfin a du relief & fe découpe agréablement de deffus les fonds.

Si, dans une décoration repréfentant un antre de l'enfer, le Maître de Ballets veut que la levée du rideau laiffe voir & ce lieu terrible & les tourmens des *Danaïdes*, des *Ixion*, des *Tantale*, des *Sifyphe*, & les différens emplois des Divinités infernales; s'il veut enfin offrir au premier coup-d'œil un tableau mouvant & effrayant des fupplices des enfers, comment réuffira-t-il

dans cette compofition momentanée, s'il
n'a l'art de diftribuer les objets, & de
les ranger dans la place que chacun d'eux
doit occuper; s'il n'a le talent de faifir l'idée
première du Peintre, & de fubordonner
toutes les fiennes au fonds que celui-ci lui
a préparé? Ce font des rochers obfcurs &
lumineux, des parties éteintes, des parties
brillantes de feu; c'eft une horreur bien entendue qui doit régner dans le tableau; tout
doit être affreux; tout enfin doit indiquer
le lieu de la fcène, & annoncer les tourmens & les douleurs de ceux qui la rem-
pliffent. Les habitans des enfers, tels qu'on
les repréfente au théàtre, font vêtus de
toutes les couleurs qui compofent les flam-
mes; tantôt le fond de leur habit eft noir,
tantôt il eft ponceau, ou couleur de feu; ils
empruntent enfin toutes les teintes qui font
employées dans la décoration. L'attention
que doit avoir le Maître de Ballets, c'eft de
placer fur les parties obfcures de la décoration les habits les plus clairs & les plus brillans, & de diftribuer fur toutes les maffes

de *clair* les habits les plus fombres & les moins éclatans ; de ce bon arrangement naîtra l'harmonie : la décoration fervira, fi j'ofe m'exprimer ainfi, de *repouffoir* au Ballet : celui-ci, à fon tour, augmentera le charme de la peinture, & lui prêtera toutes les forces capables de féduire, d'émouvoir & de faire illufion au fpectateur.

  Je fuis, &c.

# LETTRE VII.

QUE dites-vous, Monsieur, de tous les titres dont on décore tous les jours ces mauvais divertissemens destinés en quelque façon à l'ennui, & que suivent toujours le froid & le dégoût ? On les nomme tous Ballets Pantomimes, quoique dans le fond ils ne disent rien. La plupart des Danseurs ou des Compositeurs auroient besoin d'adopter l'usage que les Peintres suivoient dans les siècles d'ignorance ; ils substituoient à la place du masque des rouleaux de papier qui sortoient de la bouche des personnages; & sur ces rouleaux, l'action, l'expression & la situation que chacun d'eux devoit rendre, étoient écrites. Cette précaution utile, qui mettoit le spectateur au fait de l'idée & de l'exécution imparfaite du Peintre, pourroit seule l'instruire aujourd'hui de la signification des mouvemens mécaniques & indéterminés de nos pantomimes. Le dialogue des pas de deux, les réflexions des entrées feules, & les converfations des figurans & des figurantes de nos jours, feroient au moins expliqués. Un bouquet, un rateau, une cage, une viele ou une guitarre; voilà à peu près ce qui fournit l'intrigue de nos fuperbes Ballets; voilà les fujets grands & vaftes qui naiffent des efforts de l'imagination de nos Compofiteurs. Avouez, Monfieur, qu'il faut avoir un talent bien éminent & bien fupérieur, pour les traiter avec quelque diftinction. Un petit pas tricoté mal adroitement fur le coup de pied, fert d'expofition, de nœud & de dénouement à ces chefs - d'œuvre; cela veut dire, *Voulez - vous danfer avec moi?* & l'on danfe; ce font là les drames ingénieux dont on nous repaît; c'eft ce qu'on nomme des Ballets d'invention, de la Danfe pantomime.

*Foffan*, le plus agréable & le plus fpirituel de tous les danfeurs comiques, a fait tourner la tête aux élèves de *Terpfychore*; tous ont voulu le copier, mais fans l'avoir

vu. On a facrifié le beau genre au trivial ;
on a fecoué le joug des principes ; on a dédaigné & rejeté toutes les règles ; on s'eft
livré à des fauts, à des tours de force ; on a
ceffé de danfer, & l'on s'eft cru pantomime:
comme fi l'on pouvoit être déclaré tel
lorfqu'on manque totalement par l'expreffion ; lorfqu'on ne peint rien ; lorfque la
Danfe eft totalement défigurée par des *char-*
*ges* groffières ; lorfqu'elle fe borne à des
contorfions hideufes , lorfque le mafque
grimace à contre-fens, enfin, lorfque l'action qui devoit être accompagnée & foute-
nue par la grace, eft une fuite d'efforts ré-
pétés , d'autant plus défagréables pour le
fpectateur , qu'il fouffre lui-même du travail pénible & forcé de l'exécutant. Tel
eft cependant , Monfieur , le genre dont
le théâtre eft en poffeffion ; & il faut convenir que nous fommes riches en fujets de
cette efpèce. Cette fureur d'imiter ce qui
n'eft pas imitable, fait & fera la perte d'un
nombre infini de Danfeurs & de Maîtres de
Ballets. La parfaite imitation demande que

l'on ait en foi le même goût, les mêmes
difpofitions, la même conformation, la
même intelligence & les mêmes organes que
l'original qu'on fe propofe d'imiter : or ,
comme il eft rare de trouver deux êtres
également reffemblans en tout, il eft auffi
rare de trouver deux hommes dont les talens , le genre & la manière foient exactement femblables. Le mélange que les danfeurs ont fait de la cabriole avec la belle
danfe, a altéré fon caractère & dégradé fa
nobleffe; c'eft un alliage qui diminue fa valeur, & qui s'oppofe, ainfi que je le prouverai dans la fuite, à l'expreffion vive &
à l'action animée qu'elle pourroit avoir, fi
elle fe dégageoit de toutes les inutilités
qu'elle met au nombre de fes perfections.
Ce n'eft pas d'aujourd'hui qu'on donne
le titre de Ballet à des danfes figurées que
l'on ne devroit appeler que du nom de divertiffement ; on prodigua jadis ce titre à
toutes les fêtes éclatantes qui fe donnèrent
dans les différentes cours de l'Europe.
L'examen que j'ai fait de toutes ces fêtes ,

me perfuade que l'on a eu tort de le leur accorder. Je n'y ai jamais vu la Danfe en action; les grands récits étoient mis en ufage au défaut de l'expreffion des danfeurs, pour avertir le fpectateur de ce qu'on alloit repréfenter; preuve très-claire & très-convaincante de leur ignorance, ainfi que du filence & de l'inefficacité de leurs mouvemens. Dès le troifième fiècle, on commençoit à s'appercevoir de la monotonie de cet art, & de la négligence des Artiftes. Saint Auguftin lui-même, en parlant des Ballets, dit qu'on étoit obligé de placer fur le bord de la fcène un homme qui expliquoit à haute voix l'action qu'on alloit peindre. Sous le règne de Louis XIV, les récits, les dialogues & les monologues ne fervoient-ils pas également d'interprètes à la Danfe ? Elle ne faifoit que bégayer. Ses fons foibles & inarticulés avoient befoin d'être foutenus par la mufique & d'être expliqués par la poéfie; ce qui équivaut fans doute à l'efpèce de héraut d'armes du théâtre, au crieur public dont je viens de vous parler. Il eft en

vérité bien étonnant, Monſieur, que l'épo-
que glorieuſe du triomphe des beaux arts,
de l'émulation & des progrès des Artiſtes,
n'ait point été celle d'une révolution dans
la Danſe & dans les Ballets; & que nos Maîtres, non moins encouragés & non moins
excités alors par les ſuccès qu'ils pouvoient
ſe promettre dans un ſiècle où tout ſembloit
élever & ſeconder le génie, ſoient demeu-
rés dans la langueur & dans une honteuſe
médiocrité. Vous ſavez que le langage de
la peinture, de la poéſie & de la ſculpture,
étoit déja celui de l'éloquence & de l'énergie. La muſique, quoique encore au berceau, commençoit à s'exprimer avec nobleſſe ; cependant la Danſe étoit ſans vie,
ſans caractère & ſans action. Si le Ballet eſt
le frère des autres arts, ce n'eſt qu'autant qu'il en réunira les perfections; mais
on ne ſauroit lui déférer ce titre glorieux
dans l'état pitoyable où il ſe trouve ; &
convenez avec moi, Monſieur, que ce frère,
fait pour faire honneur à la famille, eſt un
ſujet déplorable, ſans goût, ſans eſprit,

ſans imagination, qui mérite à tous égards d'être méconnu.

Nous connoiſſons parfaitement le nom des hommes illuſtres qui ſe ſont diſtingués alors ; nous n'ignorons pas même ceux des ſauteurs qui brilloient par leur ſoupleſſe & leur agilité ; & nous n'avons qu'une idée très-imparfaite du nom de ceux qui compoſoient les Ballets : quelle ſera donc celle que nous nous formerons de leurs talens ? Je conſidère toutes les productions de ce genre dans les différentes cours de l'Europe, comme des ombres incomplètes de ce qu'elles ſont aujourd'hui & de ce qu'elles pourront être un jour. J'imagine que c'eſt à tort que l'on a donné ce nom à des ſpecta-cles ſomptueux, à des fêtes éclatantes qui réuniſſoient tout à-la-fois la magnificence des décorations, le merveilleux des machines, la richeſſe des vêtemens, la pompe du coſtume, les charmes de la poéſie, de la muſique & de la déclamation, le ſédui-ſant des voix, le brillant de l'artifice & de l'illumination, l'agrément de la danſe &

des divertiſſemens, l'amuſement des ſauts
périlleux & des tours de force : toutes ces
parties détachées forment autant de ſpectacles différens ; ces mêmes parties réunies
en compoſent un digne des plus grands
Rois. Ces fêtes étoient d'autant plus agréables qu'elles étoient diverſifiées, que chaque
ſpectateur pouvoit y ſavourer ce qui étoit
relatif à ſon goût & à ſon génie ; mais je ne
vois pas dans tout cela ce que je dois trouver dans le Ballet. Dégagé des préjugés de
mon état & de tout enthouſiaſme, je conſidère ce ſpectacle compliqué comme celui
de la variété & de la magnificence, ou
comme la réunion intime des arts aimables ;
ils y tiennent tous un rang égal ; ils ont dans
les programmes les mêmes prétentions :
je ne conçois pas néanmoins comment la
Danſe peut donner un titre à ces divertiſſemens, puiſqu'elle n'y eſt point en action, qu'elle n'y dit rien, & qu'elle n'a
nulle tranſcendance ſur les autres arts, qui
concourent unanimement & de concert
aux charmes, à l'élégance & au merveilleux de ces repréſentations.

Le Ballet eſt , ſuivant *Plutarque* , une converſation muette , une peinture parlante & animée , qui exprime par les mouvemens , les figures & les geſtes. Ses figures ſont ſans nombre , dit cet Auteur , parce qu’il y a une infinité de choſes que le Ballet peut exprimer. *Phrynicus* , l’un des plus anciens Auteurs tragiques , dit que le Ballet lui fourniſſoit autant de traits & de figures différentes , que la mer a de flots aux grandes marées d’hiver.

Conſéquemment un Ballet bien fait peut ſe paſſer du ſecours des paroles : j’ai même remarqué qu’elles refroidiſſoient l’action , qu’elles affoibliſſoient l’intérêt. Lorſque les danſeurs , animés par le ſentiment , ſe transformeront ſous mille formes différentes avec les traits variés des paſſions ; lorſqu’ils feront des Prothées , & que leur phyſionomie & leurs regards traceront tous les mouvemens de leur ame ; lorſque leurs bras ſortiront de ce chemin étroit que l’école leur a preſcrit , & que , parcourant avec autant de grace que de vérité un eſpace

plus confidérable, ils décriront par des pofitions juftes les mouvemens fucceffifs des
paffions ; lorfqu’enfin ils affocieront l’efprit
& le génie à leur art, ils fe diftingueront ;
les récits dès-lors deviendront inutiles ;
tout parlera, chaque mouvement fera ex-
preffif, chaque attitude peindra une fituation, chaque gefte dévoilera une intention,
chaque regard annoncera un nouveau fentiment ; tout fera féduifant, parce que tout
fera vrai, & que l’imitation fera prife dans
la nature.

Si je refufe le titre de Ballet à toutes ces
fêtes ; fi la plupart des danfes de l’Opéra,
quelque agréables qu’elles me paroiffent,
ne fe préfentent pas à mes yeux avec les
traits diftingüés du Ballet, c’eft moins la
faute du célèbre Maître qui les compofe,
que celle des Poëtes.

Le Ballet, dans quelque genre qu’il foit,
doit avoir, fuivant *Ariftote*, ainfi que la
poéfie, deux parties différentes, qu’il nomme *partie de qualité* & *partie de quantité*. Il
n’y a rien de fenfible qui n’ait fa matière,

ſa forme & ſa figure : conſéquemment le Ballet ceſſe d'exiſter, s'il ne renferme ces parties eſſentielles qui caractériſent & qui déſignent tous les êtres, tant animés qu'inanimés. Sa matière eſt le ſujet que l'on veut repréſenter, ſa forme eſt le tour ingénieux qu'on lui donne, & ſa figure ſe prend des différentes parties qui le compoſent : la forme conſtitue donc *les parties de qualité*, & l'étendue, celles *de quantité*. Voilà, comme vous voyez, les Ballets ſubordonnés en quelque ſorte aux règles de la poéſie; cependant ils diffèrent des tragédies & des comédies, en ce qu'ils ne ſont point aſſujettis à l'unité de lieu, à l'unité de temps & à l'unité d'action; mais ils exigent abſolument unité de deſſin, afin que toutes les ſcènes ſe rapprochent & aboutiſſent au même but. Le Ballet eſt donc le frère du poëme; il ne peut ſouffrir la contrainte des règles étroites du drame; ces entraves que le génie s'impoſe dans des ouvrages ſoutenus des beautés du ſtyle, anéantiroient totalement la compoſition du Ballet, & le priveroient de cette variété qui en eſt le charme.

Il ſeroit peut-être avantageux, Mon-ſieur, aux Auteurs de ſecouer un peu le joug & de diminuer la gêne, ſi toutefois ils avoient la ſageſſe de ne pas abuſer de la li-berté, & d'éviter les pièges qu'elle tend à l'imagination ; pièges dangereux, dont les Poëtes Anglois les plus célèbres n'ont pas eu la force de ſe garantir. Cette différence du poème au drame ne conclut rien contre ce que je vous ai dit dans mes autres Let-tres, puiſque ces deux genres de poéſie doivent également avoir une expoſition, un nœud & un dénouſment.

En rapprochant toutes mes idées, en réuniſſant ce que les Anciens ont dit des Ballets, en ouvrant les yeux ſur mon art, en examinant ſes difficultés, en conſidé-rant ce qu'il fut jadis, ce qu'il eſt aujour-d'hui, & ce qu'il peut être ſi l'eſprit vient à ſon aide ; je ne puis m'aveugler au point de convenir que la danſe ſans action, ſans règle, ſans eſprit & ſans intérêt, forme un Ballet on un poëme en danse. Dire qu'il n'y a point de Ballets à l'Opéra, seroit une fausseté. L'acte des Fleurs, l'acte d'*Eglé* dans les *Talens Lyriques*, le prologue des Fêtes Grecques & Romaines, l'acte Turc de l'*Europe galante*, un acte entre autres de *Castor & Pollux*, & quantité d'autres, où la danse est ou peut être mise en action avec facilité & sans effort de génie de la part du Compositeur, m'offrent véritablement des Ballets agréables & très-intéressans; mais ces danses figurées qui ne disent rien, qui ne présentent aucun sujet, qui ne portent aucun caractère, qui ne me tracent point une intrigue suivie & raisonnée; qui ne font point partie du drame, & qui tombent, pour ainsi dire, des nues, ne sont à mon sens, comme je l'ai déja dit, que de simples divertissemens de danse, & qui ne déploient que les mouvemens compassés & les difficultés mécaniques de l'art. Tout cela n'est que de la matière ; c'est de l'or, si vous voulez, mais dont la valeur sera toujours bornée, si l'esprit ne

G

le met pas en œuvre, & ne lui prête mille
formes nouvelles. La main habile d'un Artiste peut attacher un prix inestimable aux
choses les plus viles, &, d'un trait hardi,
donner à l'argile la moins précieuse, le sceau
de l'immortalité.

Concluons, Monsieur, qu'il est véritablement peu de Ballets raisonnés ; que la
danse est une belle statue agréablement
dessinée ; qu'elle brille également par les
contours, les positions gracieuses, la noblesse de ses attitudes, mais qu'il lui manque une ame. Les connoisseurs la regardent
avec les mêmes yeux que *Pigmalion* lorsqu'il contemploit son ouvrage ; ils font les
mêmes vœux que lui ; & ils desirent ar-
demment que le sentiment l'anime, que
le génie l'éclaire, & que l'esprit lui en-
seigne à s'exprimer.

Je suis, &c.

# LETTRE VIII.

LA compofition des Ballets de l'Opéra exige, à mon gré, une imagination féconde & poétique. Corriger fouvent le poème, lier la danfe à l'action, imaginer des fcènes analogues aux drames, les adapter adroitement aux fujets, fuppléer à ce qui eft échappé au génie du Poète, remplir enfin les vides & les lacunes qui font languir fouvent leurs productions : voilà l'ouvrage du Compofiteur ; voilà ce qui doit fixer fon attention, ce qui peut le tirer de la foule, & le diftinguer de ces Maîtres qui croient être au deffus de leur état, lorfqu'ils ont arrangé des pas, & formé des figures dont le deffin fe borne à des ronds, des carrés, des lignes droites, des moulinets & des chaînes.

L'Opéra n'eft guère fait que pour les yeux & les oreilles ; il eft moins le fpectacle du cœur & de la raifon, que celui de la variété & de l'amusement. On pourroit cependant lui donner une forme & un caractère plus intéressant ; mais cette matière étant étrangère à mon art & au sujet que je traite, je l'abandonne aux Auteurs ingénieux qui peuvent remédier à la mononie de la féerie, & à l'ennui que le merveilleux traîne après lui. Je dirai simplement que la danse dans ce spectacle devroit être placée dans un jour plus avantageux ; j'avancerai seulement que l'Opéra est son élément, que c'est-là que l'art devroit prendre de nouvelles forces & paroître avec le plus d'avantage ; mais, par un malheur qui naît de l'entêtement des Poètes, ou de la mal-adresse des Maîtres de Ballets, la danse à ce spectacle ne tient à rien & ne dit rien ; elle est dans mille circonstances si peu analogue au sujet & si indépendante du drame, que l'on pourroit la supprimer sans affoiblir l'intérêt, sans interrompre la marche des scènes & sans en refroidir l'action. La plupart des Poètes modernes se servent des Ballets comme d'un ornement de fan-

taifie qui ne peut ni foutenir l'ouvrage, ni
lui prêter de la valeur; & dans le fait ils
n'ont pas tort, parce que les Compofiteurs
n'ont pas fenti qu'il falloit que les Ballets
tinffent au fujet, & que les Auteurs les ont
regardés comme des hors-d'œuvre imaginés pour remplir le vide des entr'actes :
mais ils auroient dû appercevoir que ces
acceffoires & ces épifodes étrangers à l'action, nuifent à l'ouvrage ; ces objets contraires & toujours défunis, ce chaos de
chofes mal coufues partagent l'attention, &
fatiguent bien plus l'imagination qu'ils ne
la fatisfont : dès-lors le plan de l'Auteur
difparoît, le fil échappe, la trame fe brife,
l'action s'évanouit, l'intérêt diminue, &
le plaifir s'envole. Tant que les Ballets de
l'Opéra ne feront pas étroitement unis au
drame, & qu'ils ne concourront pas à fon
expofition, à fon nœud & à fon dénouement, ils feront froids & défagréables.
Chaque Ballet devroit, à mon fens, offrir une fcène qui enchaînât & qui liât intimement le premier acte avec le fecond,

le second avec le troisième, &c. Ces scènes, absolument nécessaires à la marche du
drame, seroient vives & animées ; les danseurs seroient forcés d'abandonner leur
allure, & de prendre une ame pour les rendre avec vérité & avec précision ; ils seroient
contraints d'oublier en quelque sorte leurs
pieds & leurs jambes, pour penser à leur
physionomie & à leurs gestes ; chaque Ballet seroit le complément de l'acte , & le
termineroit heureusement : ces sujets pui-
sés du fonds même du drame , seroient écrits
par le Poëte ; le Musicien seroit chargé de
les traduire avec fidélité , & les Danseurs,
de les réciter par le geste , & de les expliquer avec énergie. Par ce moyen, plus de
vide , plus d'inutilité, plus de longueur &
plus de froid dans la danse de l'Opéra ; tout
seroit saillant & animé , tout marcheroit au
but & de concert ; tout séduiroit , parce
que tout seroit spirituel & paroîtroit dans
un jour plus avantageux ; tout enfin feroit
illusion & deviendroit intéressant , parce
que tout seroit d'accord , & que chaque

partie tenant la place qu'elle doit occuper naturellement, elles s'entre-aideroient & se prêteroient réciproquement des forces.

J'ai toujours regretté, Monsieur, que *Rameau* n'ait pas associé son génie à celui de *Quinault*. Tous deux créateurs & tous deux pleins de génie, ils auroient été faits l'un pour l'autre ; mais le préjugé, le langage des connoisseurs *sans connoissances;* de ces demi-savans qui ne savent rien, mais qui se font suivre de la multitude, tout a dégoûté *Rameau* & lui a fait abandonner les grandes idées qu'il avoit. Ajoutez à cela les désagrémens que tout Auteur essuie des Directeurs de l'Opéra. On leur paroît sans goût, si l'on n'est aussi gothique qu'eux: ils traitent d'ignorans ceux qui n'adoptent point avec bonhommie les vieilles lois de ce spectacle, & les anciennes rubriques auxquelles ils sont attachés de père en fils. A peine est-il permis à un Maître de Ballets de faire changer le mouvement d'un air ancien ; on a beau leur dire que nos pré. décesseurs avoient une exécution simple,

que les airs lents s'ajuſtoient à la tranquillité & au flegme de leur exécution : vains
efforts ! ils connoiſſent les anciens mouvemens, ils ſavent battre la meſure ; mais
ils n'ont que des oreilles, & ne peuvent
céder aux repréſentations que l'art agrandi
peut leur faire ; ils regardent tout du but
où ils ſont reſtés, & ne peuvent pénétrer
dans la carrière immenſe que les talens ont
parcourue. La Danſe cependant encouragée, applaudie & protégée, s'eſt dégagée
depuis quelque temps des entraves que la
muſique vouloit lui donner. Non-ſeulement
M. *Lany* fait exécuter les airs dans le vrai
goût ; il en ajoute encore de modernes aux
vieux Opéra, & ſubſtitue aux chants ſimples & monotones de la muſique de *Lully*,
des morceaux pleins d'expreſſion & de variété.

Les Italiens ont été à cet égard bien plus
ſages que nous. Moins conſtans pour leur
ancienne Muſique, mais plus fidèles à
*Metaſtaſio*, ils l'ont & le font mettre encore
tous les jours en muſique par tous les Maîtres

de chapelle qui ont des talens. Les Cours
d'Allemagne, l'Espagne, le Portugal &
l'Angleterre ont conservé pour ce grand
Poëte la même vénération ; la musique varie à l'infini, & les paroles, quoique toujours les mêmes, ont toujours le prix de
la nouveauté ; chaque Maître de musique
donne à ce Poëte une nouvelle expression,
une nouvelle grace ; tel sentiment négligé
par l'un, est embelli par l'autre ; telle pensée affoiblie par celui-ci, est rendue avec
énergie par celui-là ; tel beau vers énervé
par *Graun* (1), est rendu avec chaleur
par *Hasse* (2). L'avantage sans doute eût
été certain, non-seulement pour la Danse,
mais encore pour les autres arts qui concourent aux charmes & à la perfection de
l'Opéra, si le célèbre *Rameau* avoit pu,
sans offenser les Nestors du siècle, & cette
foule de gens qui ne voient rien au dessus
de *Lully*, mettre en musique les chefs-

---

(1) Maître de Musique du Roi de Prusse.
(2) Maître de Chapelle du Roi de Pologne, Electeur
de Saxe.

d'œuvre du père & du créateur de la poéſie lyrique. Cet homme, d'un génie vaſte, em-braſſoit toutes les parties à-la-fois dans ſes compoſitions ; tout eſt beau, tout eſt grand, tout eſt harmonieux : chaque Artiſte peut, en entrant dans les vues de cet Auteur, pro-duire des chefs-d'œuvre différens. Maîtres de Muſique & de Ballets, Chanteurs & Dan-ſeurs, Chœurs, tous également peuvent avoir part à ſa gloire. Ce n'eſt pas que la Danſe, dans tous les Opéra de *Quinault*, ſoit géné-ralement bien placée & toujours en action ; mais il ſeroit facile de faire ce que le Poète a négligé, & de finir ce qui de ſa part ne peut être enviſagé que comme des ébauches.

Duſſai-je me faire une multitude d'en-nemis ſexagénaires, je dirai que la mu-ſique danſante de *Lully* eſt froide, lan-goureuſe & ſans caractère : elle fut com-poſée à la vérité dans un temps où la Danſe étoit tranquille, & où les Danſeurs ignoroient totalement ce que c'eſt que l'expreſſion. Tout étoit donc à merveille ; la muſique étoit faite pour la Danſe, & la

Danſe pour la Muſique; mais ce qui ſe marioit alors, ne peut plus s'allier aujourd'hui : les pas ſont multipliés ; les mouvemens ſont rapides & ſe ſuccèdent avec promptitude ; les enchaînemens & le mélange des temps ſont ſans nombre ; les difficultés, le brillant, la viteſſe, les repos, les indéciſions, les attitudes, les poſitions variées, tout cela, dis - je, ne peut plus s'ajuſter avec cette muſique tranquille & ce chant uniforme qui règne dans la compoſition des anciens Maîtres. La Danſe ſur de certains airs de *Lully*, me fait une impreſſion ſemblable à celle que j'éprouve dans la ſcène des deux Docteurs du *Mariage Forcé* de *Moliere*. Ce contraſte d'une volubilité extrême & d'un flegme inébranlable produit ſur moi le même effet. Des contraires auſſi choquans ne peuvent en vérité trouver place ſur la ſcène ; ils en détruiſent le charme & l'harmonie, & privent les tableaux de leur enſemble.

La muſique eſt à la Danſe ce que les paroles ſont à la muſique : ce parallèle ne

signifie autre chose, si ce n'est que la musique dansante est ou devroit être le poëme
écrit, qui fixe & détermine les mouvemens
& l'action du Danseur ; celui-ci doit donc
le réciter & le rendre intelligible par l'é-
nergie & la vérité de ses gestes, par l'expression vive & animée de sa physionomie :
conséquemment la Danse en action est l'organe qui doit rendre & qui doit expliquer
clairement les idées écrites de la Musique.

Rien ne seroit si ridicule qu'un Opéra
sans paroles : jugez-en, je vous prie, par la
scène d'*Antonin Caracalla* dans la petite
Pièce de *la Nouveauté* : sans le dialogue
qui la précède, comprendroit-on quelque
chose à l'action des Chanteurs ? Eh bien,
Monsieur, la Danse sans musique n'est pas
plus expressive que le chant sans paroles :
c'est une espèce de folie ; tous ses mouvemens sont extravagans , & n'ont aucune
signification. Faire des pas hardis & brillans ; parcourir le théâtre avec autant de
vitesse que de légéreté sur un air froid &
monotone , voilà ce que j'appelle une Danse

faîns muſique. C'eſt à la compoſition variée & harmonieuſe de *Rameau ;* c'eſt aux traits & aux converſations ſpirituelles qui règnent dans ſes airs, que la Danſe doit tous ſes progrès. Elle a été réveillée, elle eſt ſortie de la léthargie où elle étoit plongée, dès l'inſtant que ce créateur d'une muſique ſavante, mais toujours agréable & toujours voluptueuſe, a paru ſur la ſcène. Que n'eût-il pas fait, ſi l'uſage de ſe conſulter mutuellement eût régné à l'Opéra, ſi le Poète & le Maître de Ballets lui avoient communiqué leurs idées, ſi on avoit eu le ſoin de lui eſquiſſer l'action de la Danſe, les paſſions qu'elle doit peindre ſucceſſivement dans un ſujet raiſonné, & les tableaux qu'elle doit rendre dans telle ou telle ſituation ! C'eſt pour lors que la muſique auroit porté le caractère du poème, qu'elle auroit tracé les idées du Poète, qu'elle auroit été parlante & expreſſive, & que le Danſeur auroit été forcé d'en ſaiſir les traits, de ſe varier & de peindre à ſon tour. Cette harmonie qui auroit régné dans deux arts ſi intimes, auroit produit l'effet le plus ſéducteur & le plus admirable ; mais, par un malheureux effet de l'amour-propre, les Artiſtes, loin de ſe connoître & de ſe conſulter, s'évitent ſcrupuleuſement. Comment un ſpectacle auſſi compoſé que celui de l'Opéra peut - il réuſſir, ſi ceux qui ſont à la tête des différentes parties qui lui ſont eſſentielles, opèrent ſans ſe communiquer leurs idées ?

Le Poëte s'imagine que ſon art l'élève au deſſus du Muſicien : celui-ci craindroit de déroger, s'il conſultoit le Maître de Ballets ; celui-là ne ſe communique point au Deſſinateur ; le Peintre-décorateur ne parle qu'aux Peintres en ſous-ordre ; & le Machiniſte enfin, ſouvent mépriſé du Peintre, commande ſouverainement aux manœuvres du théâtre. Pour peu que le Poëte s'humaniſât, il donneroit le ton, & les choſes changeroient de face ; mais il n'écoute que ſa verve : dédaignant les autres arts, il ne peut en avoir qu'une foible idée ; il ignore l'effet que chacun d'eux peut produire en particulier, & celui qui peut réfulter de leur union & de leur harmonie. Le Muficien à fon exemple prend les paroles, il les parcourt fans attention, &, fe livrant à la fertilité de fon génie, il compofe de la mufique qui ne fignifie rien, parce qu'il n'a pas entendu le fens de ce qu'il n'a lu que des yeux, ou qu'il facrifie au brillant de fon art & à l'harmonie qui le flatte, l'expreffion vraie qu'il devroit attacher au récitatif. Fait-il une ouverture ? elle n'eft point relative à l'action qui va fe paffer : qu'importe après tout ? n'eft-il pas fûr de la réuffite, fi elle fait grand bruit ? Les airs de Danfe font toujours ceux qui lui coûtent le moins à compofer : il fuit à cet égard les vieux modèles ; fes prédéceffeurs font fes guides ; il ne fait aucun effort pour répandre de la variété dans ces fortes de morceaux, & pour leur donner un caractère neuf ; ce chant monotone dont il devroit fe défier, qui affoupit la Danfe & qui endort le fpectateur, eft celui qui le féduit, parce qu'il lui coûte moins de peine à faifir,

& que l'imitation fervile des airs anciens n'exige ni un goût, ni un talent, ni un génie fupérieur.

Le Peintre-décorateur, faute de connoître parfaitement le drame, donne fouvent dans l'erreur; il ne confulte point l'Auteur, mais il fuit fes idées, qui, fouvent fauffes, s'oppofent à la vraifemblance qui doit fe trouver dans les décorations, à l'effet d'indiquer le lieu de la fcène. Comment peut-il réuffir, s'il ignore l'endroit où elle doit fe paffer ? Ce n'eft cependant que d'après les connoiffances exactes de l'action & des lieux qu'il devroit agir; fans cela, plus de vérité, plus de *coftume*, plus de pittorefque.

Chaque peuple a des lois, des coutumes, des ufages, des modes & des cérémonies oppofées; chaque nation diffère dans fes goûts, dans fon architecture, dans fa manière de cultiver les arts : celui d'un habile Peintre eft donc de faifir cette variété; fon pinceau doit être fidèle : s'il n'eft de tous les pays, il ceffe d'être vrai & n'eft plus en droit de plaire.

Le

Le Deſſinateur pour les habits ne conſulte perſonne ; il ſacrifie ſouvent le *coſtume* d'un peuple ancien à la mode du jour , ou au caprice d'une danſeuſe ou d'une chanteuſe en réputation.

Le Maître de Ballets n'eſt inſtruit de rien : on le charge d'une partition ; il compoſe les Danſes ſur la muſique qui lui eſt préſentée ; il diſtribue les pas particuliers , & l'habillement donne enſuite un nom & un caractère à la Danſe.

Le Machiniſte eſt chargé du ſoin de préſenter les tableaux du Peintre dans le point de perſpective & dans les différens jours qui leur conviennent ; ſon premier ſoin eſt de ranger les morceaux de décoration avec tant de juſteſſe qu'ils n'en forment qu'un ſeul bien entendu & bien d'accord ; ſon talent conſiſte à les préſenter avec viteſſe , & à les dérober avec promptitude. S'il n'a pas l'art de diſtribuer les lumières à propos , il affoiblit l'ouvrage du Peintre & il détruit l'effet de la décoration. Telle partie du tableau qui doit être éclairée, devient noire

H

& obfcure ; telle autre qui demande à être
privée de lumière, fe trouve claire & brillante. Ce n'eft pas la grande quantité de
lampions jetés au hafard ou ¡arrangés fy-
métriquement qui éclaire bien un théâtre
& qui fait valoir la fcène ; le talent confifte
à favoir diftribuer les lumières par parties
ou par *maffes* inégales, afin de forcer les
endroits qui demandent un grand jour, de
ménager ceux qui en exigent peu, & de
négliger les parties qui en font moins fufceptibles. Le Peintre étant obligé de mettre des nuances & des dégradations dans
ces tableaux, pour que la perfpe&ive s'y
rencontre, celui qui doit l'éclairer devroit,
ce me femble, le confulter, afin d'obfer-
ver les mêmes nuances & les mêmes dégradations dans les lumières. Rien ne feroit plus
mauvais qu'une décoration peinte dans le
même *ton* de couleur & dans les mêmes
nuances ; il n'y auroit ni lointain ni perf-
pe&ive : de même, fi les morceaux de peinture divifés pour former un tout, font éclai-
1és avec la même force, il n'y aura plus

d'*entente*, plus de *maſſes*, plus d'oppoſition, & le tableau ſera ſans effet.

Permettez-moi, Monſieur, une digreſ-ſion ; quoique étrangère à mon art, elle pourra peut-être devenir utile à l'Opéra.

La Danſe avertit en quelque façon le Machiniſte de ſe tenir prêt au changement de décorations ; vous ſavez en effet que le divertiſſement terminé, les lieux changent. Comment remplit-on ordinairement l'in-tervalle des actes, intervalle abſolument néceſſaire à la manœuvre du théâtre, au repos des Acteurs, & au changement d'ha-bits de la Danſe & des Chœurs ? Que fait l'Orcheſtre ? Il détruit les idées que la ſcène vient d'imprimer dans mon ame ; il joue un *paſſepied* ; il reprend un *rigaudon* ou un *tambourin* fort gai, lorſque je ſuis vivement ému & fortement attendri par l'action ſérieuſe qui vient de ſe paſſer ; il ſuſpend le charme d'un moment délicieux ; il efface de mon cœur les images qui l'in-téreſſoient ; il étouffe & amortit le ſenti-ment dans lequel il ſe plaiſoit : ce n'eſt pas tout encore, & vous allez voir le comble de l'inintelligence : cette action touchante n'a été qu'ébauchée ; l'acte suivant doit la terminer & me porter les derniers coups : or, de cette musique gaie & triviale, on passe subitement à une *ritournelle* triste & lugubre : quel contraste choquant ! S'il permet encore à l'Acteur de me ramener à l'intérêt qu'il m'a fait perdre, ce ne sera qu'à pas lents ; mon cœur flottera long-temps entre la distraction qu'il vient d'éprouver & la douleur à laquelle on tente de le rappeler : le piège que la fiction me présente une seconde fois, me paroît trop grossier ; je cherche à l'éviter & à m'en défendre machinalement & malgré moi, & il faut alors que l'art fasse des efforts inouis pour m'en imposer & pour me faire succomber de nouveau. Vous conviendrez que cette vieille méthode, si chère encore à nos Musiciens, blesse toute vraisemblance. Ils ne doivent pas se flatter de triompher de moi au point d'exciter à leur gré & subitement dans mon ame tous ces ébranlemens

divers. Le premier inftant me difpofoit à
céder à l'impreſſion qui devoit réſulter des
objets qui m'étoient offerts : le ſecond détruit totalement ce premier effet, & la
nouvelle ſenfation qu'il produit ſur moi eſt
ſi différente & ſi diſtante de celle à laquelle
je m'étois d'abord livré, que je ne ſaurois
y revenir ſans une peine extrême ; ſur-tout
lorſque mes fibres ont naturellement plus
de propenſion & plus de tendance à ſe
déployer dans le dernier ſens où elles
viennent d'être mues; en un mot, Monſieur, cette chute ſoudaine, ce bruſque
paſſage du pathétique à l'enjoué, du dia-
tonique enharmonique (1), ou du chro-

---

(1) Le trio des Parques d'*Hippolyte* & *Aricie*, qui n'avoit
pu être rendu à l'Opéra tel qu'il eſt, offre un exemple de ce
genre. Nous en avions un du ſecond genre dans le tremble-
ment de terre fait pour le ſecond acte des *Indes galantes* que
l'orcheſtre ne put jamais exécuter en 1735, & dont l'effet
avoit été néanmoins ſurprenant dans l'épreuve ou dans
l'eſſai que des Muſiciens habiles & de bonne volonté en
avoient fait en préſence de M. *Rameau*. Si ces morceaux
n'euſſent pas été au deſſus des forces des exécutans, croyez-
vous qu'un *tambourin* qui les auroit ſuivis eût été bien placé?

H 3

matique enharmonique à une *gavotte*, ou à une sorte de *Pont-neuf*, ne me semble pas moins discordant, qu'un air qui commenceroit dans un ton & qui finiroit dans un autre. J'ose croire qu'une pareille disparate blessera toujours ceux que le plaisir de sentir conduit au spectacle ; car elle peut n'être pas apperçue par les originaux qui n'y vont que par air, & qui, tenant une énorme lorgnette à la main, préfèrent la satisfaction d'étaler leurs ridicules, de voir & d'être vus, à celle de goûter le plaisir que les arts réunis peuvent procurer.

Que les Poètes descendent du sacré vallon ; que les Artistes chargés des différentes parties qui composent l'Opéra agissent de concert & se prêtent mutuellement des secours, ce spectacle alors aura le plus grand succès. Les talens réunis réussiront toujours. Il n'y a qu'une basse jalousie & qu'une

---

& tout entr'acte ne seroit-il pas mieux employé par le Musicien, s'il lioit le sujet, s'il tâchoit de conserver l'impression faite, & de préparer le spectateur à celle à laquelle il veut le conduire ?

méfintelligence indigne des talens, qui puiffent flétrir les arts, avilir ceux qui les profeffent, & s'oppofer à la perfection d'un ouvrage qui exige autant de détails & de beautés différentes que l'Opéra.

J'ai toujours regardé un Opéra comme un grand tableau qui doit offrir le merveilleux & le fublime de la peinture dans tous les genres, dont le fujet doit être deffiné par le Poète, & peint enfuite par des Peintres habiles dans des genres oppofés, qui, tous animés par l'honneur & la noble ambition de plaire, doivent terminer le chef-d'œuvre avec cet accord, cette intelligence qui annoncent & qui caractérifent les vrais talens. C'eft du Poète premièrement que dépend le fuccès, puifque c'eft lui qui compofe, qui place, qui deffine & qui met à proportion de fon génie plus ou moins de beautés, plus ou moins d'action, & par conféquent plus ou moins d'intérêt dans fon tableau. Les Peintres qui fecondent fon imagination, font le Maître de Mufique, le Maître de Ballets, le Peintre.

H 4

décorateur, le Deſſinateur pour le *coſtume*
des habits, & le Machiniſte : tous cinq doivent également concourir à la perfection
& à la beauté de l'ouvrage, en ſuivant
exactement l'idée primitive du Poète, qui,
à ſon tour, doit veiller ſoigneuſement ſur
le tout. L'œil du maître eſt un point néceſſaire, il doit entrer dans tous les détails.
Il n'en eſt point de petits & de minutieux
à l'Opéra ; les choſes qui paroiſſent de la
plus foible conſéquence choquent, bleſſent
& déplaiſent lorſqu'elles ne ſont pas ren-
dues avec exactitude & avec préciſion. Ce
ſpectacle ne peut donc ſouffrir de médiocrité ; il ne ſéduit qu'autant qu'il eſt parfait dans toutes ſes parties. Convenez,
Monſieur, qu'un Auteur qui abandonne
ſon ouvrage aux ſoins de cinq perſonnes
qu'il ne voit jamais, qui ſe connoiſſent à
peine & qui s'évitent toutes, reſſemble
aſſez à ces pères qui confient l'éducation de
leurs fils à des mains étrangères, & qui,
par diſſipation ou par eſprit de grandeur,
croiroient déroger s'ils veilloient à leurs

progrès. Que réfulte-t-il d'un préjugé fi faux ? Tel enfant, né pour plaire, devient mauffade & ennuyeux. Voilà l'image du Poète dans celui du père, & l'exemple du drame dans celui de l'enfant.

Vous me direz peut-être que je fais d'un Poète un homme univerfel ? Non, Monfieur ; mais un Poète doit avoir de l'efprit & du goût. Je fuis du fentiment d'un Auteur qui dit que les grands morceaux de Peinture, de Mufique & de Danfe qui ne frappent pas à un certain point un ignorant bien organifé, font ou mauvais, ou médiocres.

Sans être Muficien, un Poète ne peut-il pas fentir fi tel trait de mufique rend fa penfée ; fi tel autre n'affoiblit pas l'expreffion ; fi celui-ci prête de la force à la paffion, & donne des graces & de l'énergie au fentiment ? Sans être Peintre - décorateur, ne peut-il pas concevoir fi telle décoration qui doit repréfenter une forêt de l'Afrique, n'emprunte pas la forme de celle de Fontainebleau ? fi tel autre qui

doit offrir une rade de l'Amérique, ne
ressemble pas à celle de Toulon ? si celle-
ci qui doit montrer le palais de quelque
Empereur du Japon, ne se rapproche pas
trop de celui de Versailles ? & si la dernière
qui doit tracer les jardins de *Sémiramis*,
n'offre pas ceux de Marly ? Sans être Danseur & Maître de Ballets, il peut également-
ment s'appercevoir de la confusion qui y
régnera, du peu d'expression des exécutans ; il peut, dis-je, sentir si son action est
rendue avec chaleur, si les tableaux en font
assez frappans, si la pantomime est vraie,
& si le caractère de la danse répond au
caractère du peuple & de la nation qu'elle
doit représenter. Ne peut-il pas encore
sentir les défauts qui se rencontrent dans
les vêtemens par des négligences ou un
faux goût qui, s'éloignant du *costume*,
détruit toute illusion ? A-t-il besoin enfin
d'être machiniste pour s'appercevoir que
telle machine ne marche point avec promptitude ? Rien de si simple que d'en condamner la lenteur, ou d'en admirer la préci-

sion & la vitesse. Au reste, c’est au Machiniste à remédier à la mauvaise combinaison qui s’oppose à leurs effets, à leur jeu & à leur activité.

Un Compositeur de musique devroit savoir la Danse , ou du moins connoître le temps & la possibilité des mouvemens qui sont propres à chaque genre , à chaque caractère & à chaque passion, pour pouvoir ajuster des traits convenables à toutes les situations que le Danseur peut peindre successivement ; mais , loin de s’attacher aux premiers élémens de cet art, & d’en apprendre la théorie , il fuit le Maître de Ballets ; il imagine que son art l’élève & lui donne le pas sur la Danse. Je ne le lui disputerai point, quoiqu’il n’y ait que la supériorité & non la nature du talent qui puisse mériter des préséances & des distinctions.

La plupart des Compositeurs suivent, je le répète , les vieilles rubriques de l’Opéra ; ils font des *passepieds* , parce que Mademoiselle *Prévôt* les *couroit* avec élégance ; des *musettes* , parce que Mademoiselle *Sallé* &

M. *Dumoulin* les danſoient avec autant de grace que de volupté ; des *tambourins* , parce que c'étoit le genre où Mademoiſelle *Camargo* excelloit ; des *chaconnes* enfin & des *paſſacailles*, parce que le célèbre *Dupré* s'étoit comme fixé à ces mouvemens, qui s'ajuſtoient à ſon goût, à ſon genre & à la nobleſſe de ſa taille : mais tous ces excellens ſujets n'y ſont plus ; ils ont été remplacés & au - delà dans des parties, & ne le ſeront peut-être jamais dans les autres. Mademoiſelle *Lany* a effacé toutes celles qui brilloient par la beauté, la préciſion & la hardieſſe de leur exécution : c'eſt la première Danſeuſe de l'univers ; mais on n'a point oublié l'expreſſion naïve de Mademoiſelle *Sallé* ; ſes graces ſont toujours préſentes, & la minauderie des Danſeuſes de ce genre n'a pu éclipſer cette nobleſſe & cette ſimplicité harmonique des mouvemens tendres, voluptueux, mais toujours décens, de cette aimable Danſeuſe. Perſonne n'a encore ſuccédé à M. *Dumoulin* ; il danſoit les *pas de deux* avec une ſupériorité que l'on aura de la peine à atteindre ; toujours tendre, toujours gracieux, tantôt papillon, tantôt zéphyr, un inftant inconftant, un autre inftant fidèle, toujours animé par un fentiment nouveau, il rendoit avec volupté tous les tableaux de la tendreffe. M. *Veftris* a remplacé le célèbre *Dupré*, c'eft faire fon éloge ; mais nous avons M. *Lany*, dont la fupériorité excite l'admiration, & l'élève au deffus de ceux que je pourrois lui prodiguer. Nous avons des Danfeurs & des Danfeufes qui mériteroient ici une apologie, fi cela ne m'éloignoit pas trop de mon but. Nous avons enfin des jambes & une exécution que nos prédéceffeurs n'avoient point : cette raifon devroit déterminer, ce me femble, les Muficiens à fe varier dans leurs mouvemens, & à ne plus travailler pour ceux qui n'exiftent que dans la mémoire du public, & dont le genre eft prefque éteint. La Danfe de nos jours eft neuve ; il eft abfolument néceffaire que fa mufique le foit auffi.

On se plaint que les Danseurs ont du mouvement sans action, des graces sans expression; mais ne pourroit-on pas remonter à la source du mal ? Dévoilez-en les causes, vous l'attaquerez avec avantage, & vous emploierez alors les remèdes propres à la guérison.

J'ai dit que la plupart des Ballets de ce spectacle étoient froids, quoique bien dessinés & bien exécutés. Est-ce uniquement la faute du Compositeur ? lui seroit-il possible d'imaginer tous les jours de nouveaux plans, & de mettre la Danse en action à la fin de tous les actes de l'Opéra ? Non sans doute, la tâche seroit trop pénible à remplir ; un tel projet d'ailleurs ne peut s'exécuter sans des contradictions infinies, à moins que les Poëtes ne se prêtent à cet arrangement, & ne travaillent de concert avec le Maître de Ballets sur tous les projets qui auront la Danse pour but.

Voyons ce que fait habituellement le Maître de Ballets à ce spectacle, & examinons l'ouvrage qu'on lui distribue. On lui donne une partie de répétition ; il l'ouvre, & il lit : PROLOGUE ; *passepied pour les Jeux & les Plaisirs ; gavotte pour les ris, & rigaudon pour les Songes agréables.* AU PREMIER ACTE ; *air marqué pour les Guerriers ; second air pour les mêmes ; musette pour les Prêtresses.* AU SECOND ACTE, *loure pour les Peuples ; tambourin & rigaudon pour les Matelots.* AU TROISIÈME ACTE, *air marqué pour les Démons ; air vif pour les mêmes.* AU QUATRIÈME ACTE, *entrée des Grecs & chaconne, sans compter les Vents, les Tritons, les Naïades, les Heures, les Signes du Zodiaque, les Bacchantes, les Zéphirs, les Ondins & les Songes funestes ;* car cela ne finiroit jamais. Voilà le Maître de Ballets bien instruit ! le voilà chargé de l'exécution d'un plan bien magnifique & bien ingénieux ! Qu'exige le Poète ? que tous les personnages du Ballet dansent, & on les fait danser : de cet abus naissent les prétentions ridicules. « Monsieur, dit le premier Danseur au Maître de Ballets, » je remplace un tel, & je

» dois danfer tel air. » Par la même raifon , Mademoifelle une telle fe réferve les *paffepieds* ; l'autre les *mufettes* ; celle-ci les *tambourins* ; celui-là les *loures* ; celui-ci la *chaconne* ; & ce droit imaginaire, cette difpute d'emplois & de genres fourniffent à chaque Opéra vingt entrées feules , qui font danfées avec des habits d'un goût & d'un genre oppofés , mais qui ne diffèrent ni par le caractère , ni par l'efprit , ni par les enchaînemens de pas , ni par les attitudes ; cette monotonie prend fa fource de l'imitation machinale. M. *Veftris* eft le premier Danfeur , il ne danfe qu'au dernier acte ; c'eft la règle : elle eft au refte conforme au proverbe qui aftreint à conferver les meilleures chofes pour les dernières. Que font les autres Danfeurs de ce genre ? Ils eftropient l'original , ils le *chargent* & n'en prennent que les défauts ; car il eft plus aifé de faifir les ridicules , que d'imiter les perfections : tels les courtifans d'*Alexandre* , qui , ne pouvant lui reffembler par fa valeur & fes vertus héroïques ,

roïques, portoient tous le cou de côté, pour imiter le défaut naturel de ce Prince. Voilà donc de froides copies qui multiplient de cent manières différentes l'original, & qui le défigurent continuellement. Ceux d'un autre genre font aussi maussades & aussi ridicules : ils veulent saisir la précision, la gaieté & la belle formation des enchaînemens de M. *Lany*, & ils font détestables. Toutes les femmes veulent danser comme Mademoiselle *Lany*, & toutes les femmes en ce cas ont des prétentions très-ridicules. Enfin, Monsieur, l'Opéra est, si j'ose m'exprimer ainsi, le spectacle des singes. L'homme s'évite ; il craint de se montrer avec ses propres traits ; il en emprunte toujours d'étrangers, & il rougiroit d'être lui : aussi faut-*il* acheter le plaisir d'admirer quelques bons originaux, par l'ennui de voir une multitude de mauvaises copies qui les précèdent. Que veulent dire d'ailleurs cette quantité d'entrées seules, qui ne tiennent & ne ressemblent à rien ? Que signifient tous ces corps sans ame, qui se promènent sans graces, qui se déploient sans goût, qui pirouettent sans à-*plomb*, sans fermeté, & qui se succèdent d'acte en acte avec le même froid ? Pourrons-nous donner le titre de monologue à ces sortes d'entrées dépourvues d'intérêt & d'expression ? Non, sans doute, car le monologue tient à l'action ; il marche de concert avec la scène, il peint, il retrace, il instruit. Mais comment faire parler une entrée seule, me direz-vous ? Rien de si facile, Monsieur, & je vais vous le prouver clairement.

Deux bergers, par exemple, épris d'une bergère, la pressent de se décider & de faire un choix : *Thémire*, c'est le nom de la bergère, hésite, balance, elle n'ose nommer son vainqueur : sollicitée vivement, elle céde enfin à l'amour, & donne la préférence à *Aristée* : elle fuit dans le bois pour cacher sa défaite ; mais son vainqueur la suit pour jouir de son triomphe. *Tircis* abandonné, *Tircis* méprisé peint son trouble & sa douleur : bientôt la jalousie & la fureur s'emparent de son cœur ; il s'y livre tout entier , & il m'avertit par sa retraite qu'il court à la vengeance & qu'il veut immoler son rival. Celui-ci paroît un instant après : tous ses mouvemens me tracent l'image du bonheur ; ses gestes , ses attitudes , sa physionomie , ses regards , tout me présente le tableau du sentiment & de la volupté. *Tircis* au désespoir cherche son rival , & il l'apperçoit dans le moment où il exprime la joie la plus délicieuse & la plus pure. Voilà des contrastes simples, mais naturels : le bonheur de l'un augmente la peine de l'autre. *Tircis* désespéré n'a d'autre ressource que celle de la vengeance ; il attaque *Aristée* avec cette fureur & cette impétuosité qu'enfante la jalousie & le dépit de se voir méprisé : celui-ci se défend ; mais, soit que l'excès du bonheur énerve le courage , soit que l'amour satisfait soit enfant de la paix, il est prêt à succomber sous les efforts de *Tircis* ; ils se servent pour combattre de leurs houlettes : les fleurs & les guirlandes composées par l'amour & desti-

nées pour la volupté, deviennent les trophées de leur vengeance : tout eſt ſacrifié
dans cet inſtant de fureur ; le bouquet
même dont *Thémire* a décoré l'heureux
*Ariſtée*, ne ſauroit échapper à la rage de
l'amant outragé. Cependant *Thémire* paroît;
elle apperçoit ſon amant enchaîné avec la
guirlande dont elle l'avoit orné ; elle le
voit terraſſé aux pieds de *Tircis* : quel
déſordre ! quelle crainte ! Elle frémit du
danger de perdre ce qu'elle aime : tout
annonce ſa frayeur, tout caractériſe ſa
paſſion. Fait-elle des efforts pour dégager
ſon amant ? c'eſt l'amour en courroux qui
les lui fait faire. Furieuſe, elle ſe ſaiſit
d'un dard égaré à la chaſſe ; elle s'élance
ſur *Tircis* & l'en frappe de pluſieurs coups.
A ce tableau touchant, l'action devient
générale ; des bergers & des bergères accourent de toutes parts. *Thémire* déſeſpé-
rée d'avoir commis une action ſi noire,
veut s'en punir & ſe percer le cœur : les
bergères s'oppoſent à un deſſein ſi cruel ;
*Ariſtée* partagé entre l'amour & l'amitié,

vole vers *Thémire*, la prie, la presse & la conjure de conserver ses jours : il court à *Tircis* & s'empresse à lui donner du secours ; il invite les bergers à en prendre soin. *Thémire* désarmée, mais accablée de douleur, fait un effort pour s'approcher de *Tircis* ; elle embrasse ses genoux & lui donne toutes les marques d'un repentir sincère : celui-ci, toujours tendre, toujours amant passionné, semble chérir le coup qui va le priver de la lumière. Les bergères attendries arrachent *Thémire* de ce lieu, théâtre de la douleur & de la plainte : elle tombe évanouie dans leurs bras. Les bergers, de leur côté, entraînent *Tircis* ; il est près d'expirer, & il peint encore la douleur qu'il ressent d'être séparé de *Thémire*, & de ne pouvoir mourir dans ses bras. *Aristée*, ami tendre, mais amant fidèle, exprime son trouble & sa situation de cent manières différentes ; il éprouve mille combats ; il veut suivre *Thémire*, mais il ne veut pas quitter *Tircis* ; il veut consoler l'amante, mais il veut secourir l'ami. Cette agitation eſt ſuſpendue ; cette indéciſion cruelle ceſſe enfin : un inſtant de réflexion fait triompher dans ſon cœur l'amitié ; il s'arrache enfin de *Thémire* pour voler à *Tircis*.

Ce plan peut paroître mauvais à la lecture, mais il fera le plus grand effet ſur la ſcène ; il n'offre pas un inſtant que le Peintre ne puiſſe ſaiſir : les ſituations & les tableaux multipliés qu'il préſente ont un coloris, une action & un intérêt toujours nouveau ; l'*entrée ſeule* de *Tircis* & celle d'*Ariſtée* ſont pleines de paſſion ; elles peignent, elles expriment, elles ſont de vrais monologues. Les deux *pas-de-trois* ſont l'image de la ſcène dialoguée dans deux genres oppoſés ; & le Ballet en action qui termine ce petit roman, intéreſſera toujours très-vivement tous ceux qui auront un cœur & des yeux ; ſi toutefois ceux qui l'exécutent ont une ame & une expreſſion de ſentiment auſſi vive qu'animée.

Vous concevez, Monſieur, que pour peindre une action où les paſſions ſont variées, & où les tranfitions de ces mêmes paffions font auffi fubites que dans le programme que je viens de vous tracer, il faut de toute néceffité que la mufique abandonne les mouvemens & les modulations pauvres qu'elle emploie dans les airs deftinés à la Danfe. Des fons arrangés machinalement & fans efprit ne peuvent ni fervir le Danfeur, ni convenir à une action vive. Il ne s'agit donc point d'affembler fimplement des notes fuivant les règles de l'école : la fucceffion harmonique des tons doit, dans cette circonftance, imiter ceux de la nature, & l'inflexion jufte des fons préfenter l'image du dialogue.

Je ne blâme point généralement, Monfieur, les *entrées feules* de l'Opéra ; j'en admire les beautés fouvent difperfées, mais j'en voudrois moins. Le trop en tout genre devient ennuyeux ; je defirerois encore plus de variété dans l'exécution : car rien n'eft fi ridicule que de voir danfer les bergers de *Tempé*, comme les Divinités de l'*Olympe*. Les habits & les caractères

étant sans nombre à ce spectacle , je sou-
haiterois que la Danse ne fût pas toujours
la même : cette uniformité choquante dis-
paroîtroit sans doute , si les Danseurs étu-
dioient le caractère de l'homme qu'ils doivent représenter , s'ils saisissoient ses mœurs,
ses usages & ses coutumes. Ce n'est qu'en se
substituant à la place du héros & du per-
sonnage qu'on joue , que l'on peut parvenir à le rendre & à l'imiter parfaitement.
Personne ne rend plus de justice que moi
aux *entrées seules* , dansées par les premiers
sujets ; ils y déploient toutes les beautés
mécaniques des mouvemens harmonieux du
corps : mais desirer & faire des vœux
pour que ces mêmes sujets faits pour s'il-
lustrer , mêlent quelquefois aux graces du
corps les mouvemens de l'ame ; ambition-
ner de les admirer sous une forme plus
séduisante & de n'être pas borné enfin à
les contempler uniquement comme de
belles machines bien combinées & bien
proportionnées , ce n'est pas , je crois ,
mépriser leur exécution , avilir leur talent

& décrier leur genre; c'est exactement les engager à l'embellir & à l'anoblir.

Passons au vêtement. La variété & la vérité dans le *costume* y font aussi rares que dans la Musique, dans les Ballets & dans la Danse simple. L'entêtement est égal dans toutes les parties de l'Opéra : il préside en Souverain à ce spectacle. Grec , Romain, Berger , Chasseur , Guerrier, Faune , Sylvain, Jeux, Plaisirs, Ris, Tritons , Vents, Feux, Songes, Grand-Prêtre & Sacrificateurs, tous les habits de ces personnages font coupés sur le même patron, & ne diffèrent que par la couleur & les embellissemens que la profusion, bien plus que le goût, jette au hasard. L'oripeau brille par-tout : le paysan, le matelot & le héros en font également chargés. Plus un habit est garni de colifichets, de paillettes, de gaze & de réseau, & plus il a de mérite aux yeux de l'acteur & du spectateur sans goût. Rien n'est si singulier que de voir à l'Opéra une troupe de guerriers qui viennent de combattre, de disputer & de rem-

porter la victoire. Traînent-ils après eux
l'horreur du carnage ? leur phyſionomie
paroît-elle animée ? leurs regards ſont-ils
encore terribles ? leurs cheveux ſont - ils
épars & dérangés ? Non , Monſieur , rien
de tout cela ; ils ſont parés avec le dernier
ſcrupule , & ils reſſemblent plutôt à des
hommes efféminés , ſortant des mains du
baigneur , qu'à des guerriers échappés à
celles de l'ennemi. Que devient la vérité ?
où eſt la vraiſemblance ? d'où naîtra l'illuſion ? & comment n'être pas choqué d'une
action ſi fauſſe & ſi mal rendue ? Il faut
de la décence au théâtre , j'en conviens ;
mais il faut , avant tout , de la vérité & du
naturel dans l'action , du nerf & de la vigueur
dans les tableaux , & un déſordre bien entendu dans tout ce qui en exige. Je ne voudrois plus de ces *tonnelets* roides , qui , dans
certaines poſitions de la Danſe , placent ,
pour ainſi dire , la hanche à l'épaule , &
qui en éclipſent tous les contours. Je ban-
nirois tout arrangement ſymétrique dans
les habits ; arrangement froid qui déſigne

l'art fans goût & qui n'a nulle grace. J'aimerois mieux des draperies fimples & légères,
contraftées par les couleurs, & diftribuées
de façon à me laiffer voir la taille du Danfeur. Je les voudrois légères, fans cependant que l'étoffe fût ménagée : de beaux
*plis*, de belles *maffes*, voilà ce que je
demande ; & l'extrémité de ces draperies
voltigeant & prenant de nouvelles formes,
à mefure que l'exécution deviendroit plus
vive & plus animée, tout auroit l'air fvelte.
Un élan, un pas vif, une fuite, agiteroient
la draperie dans des fens différens ; voilà
ce qui nous rapprocheroit de la peinture
& par conféquent de la nature : voilà ce
qui prêteroit de l'agrément aux attitudes
& de l'élégance aux pofitions ; voilà enfin
ce qui donneroit au Danfeur cet air lefte
qu'il ne peut avoir fous le harnois gothique
de l'Opéra. Je diminuerois des trois quarts
les paniers ridicules de nos Danfeufes ; ils
s'oppofent également à la liberté , à la
viteffe & à l'action prompte & animée de
la Danfe ; ils privent encore la taille de fon

élégance & des juſtes proportions qu'elle doit avoir; ils diminuent l'agrément des bras, ils *enterrent*, pour ainſi dire, les graces; ils contraignent & gênent la Danſeuſe à un tel point, que le mouvement de ſon panier l'occupe quelquefois plus ſérieuſement que celui de ſes bras & de ſes jambes. Tout acteur au théâtre doit être libre : il ne doit pas même recevoir des entraves du rôle & du perſonnage qu'il a à repréſenter. Si ſon imagination eſt partagée, ſi la mode d'un *coſtume* ridicule le gêne au point d'être accablé par ſon habit, d'en ſentir le poids & d'oublier ſon rôle, de gémir enfin ſous le faix qui l'aſſomme, peut - il avoir de l'aiſance & de la chaleur ? Il doit dès - lors ſe délivrer d'une mode qui appauvrit l'art & qui empêche le talent de ſe montrer. Mademoiſelle *Clairon*, actrice inimitable, faite pour ſecouer les uſages adoptés par l'habitude, ſupprima les paniers, & les ſupprima ſans préparation & ſans ménagement. Le vrai talent ſait s'affranchir des lois de la routine.

Le même goût qui porta l'art de cette grande Actrice à un si haut degré de perfection, lui fit sentir le ridicule de ces anciens costumes du théâtre; &, cherchant à rendre, à imiter la nature dans son jeu, elle pensa, avec raison, qu'il falloit la suivre dans les habillemens. Le caprice ne conduisit point Mademoiselle *Clairon*, lorsqu'elle se dépouilla d'un ornement aussi ridicule qu'embarrassant; c'est qu'elle avoit étudié toutes les parties de son art, & cherché à les rapprocher de la perfection. La raison, l'esprit, le bon sens & la nature l'ont guidée dans cette réforme : elle a consulté les anciens, & elle s'est imaginée que *Médée*, *Electre* & *Ariane* n'avoient point l'air, le ton, l'allure & l'habillement de nos petites-maîtresses ; elle a senti qu'en s'éloignant de nos usages, elle se rapprocheroit de ceux de l'antiquité ; que l'imitation des personnages qu'elle représente seroit plus vraie, plus naturelle ; que son action d'ailleurs étant vive & animée, elle la rendroit avec plus de feu & de vivacité , lorsqu'elle se seroit débarrassée du poids & dégagée de la gêne d'un vêtement ridicule ; elle s'est persuadée enfin que le public ne mesureroit pas ses talens sur l'immensité de son panier. Il est certain qu'il n'appartient qu'au mérite supérieur d'innover & de changer en un instant la forme des choses auxquelles l'habitude, bien moins que le goût & la réflexion nous avoient attachés.

M. *Chassé*, acteur unique, qui avoit l'art de mettre de l'intérêt dans des scènes froides , & d'exprimer par le geste les pensées les moins frappantes, secoua pareillement les *tonnelets* ou ces paniers roides , qui ôtoient toute aisance à l'acteur , & qui en faisoient, pour ainsi dire , une machine mal organisée ; les casques & les habits symétriques furent aussi proscrits par lui : il substitua aux *tonnelets* guindés des draperies bien entendues, & aux panaches antiques, des plumes distribuées avec goût & élégance. Le simple, le galant & le pittoresque composoient sa parure.

M. *le Kain*, excellent tragique, fuivit l'exemple de M. *Chaffé* ; il fit plus encore ; il fortit du tombeau de *Ninus* dans la *Sémiramis* de M. de *Voltaire*, les manches retrouffées, les bras enfanglantés, les cheveux hériffés & les yeux égarés. Cette peinture forte, mais naturelle, frappa, intéreffa, jeta le trouble & l'horreur dans l'ame du fpectateur. La réflexion & l'efprit de critique fuccédèrent un inftant après à l'émotion, mais il étoit trop tard ; l'impreffion étoit faite, le trait étoit lancé, l'acteur avoit touché le but, & les applaudiffemens furent la récompenfe d'une action heureufe, mais hardie, qui, fans doute, auroit échoué, fi un acteur fubalterne & moins accueilli eût tenté de l'entreprendre.

M. *Boquet*, chargé des deffins & du *coftume* des habits de l'Opéra, a remédié en partie aux défauts qui règnent dans cette partie fi effentielle à l'illufion. Il eft à defirer qu'on lui laiffe la liberté d'agir, & qu'on ne s'oppofe point à des idées qui tendront toujours à porter les choses à leur perfection.

Quant aux décorations, Monsieur, je ne vous en parlerai point; elles ne pèchent pas par le goût à l'Opéra; elles pourroient même être belles, parce que les artistes qui sont employés dans cette partie, ont réellement du mérite : mais la cabale & une économie mal entendue bornent le génie des Peintres & étouffent leurs talens. D'ailleurs, ce qui paroît en ce genre à l'O-péra, ne porte jamais le nom de l'Auteur. Au moyen de cet arrangement, il y a fort peu d'émulation, & par conséquent fort peu de décorations qui ne laissent une infi-nité de choses à desirer.

Je finirai cette Lettre par une réflexion qui me paroît bien simple. La Danse à ce spectacle a trop de caractères idéaux, trop de personnes chimériques & trop d'êtres de fantaisie à rendre, pour qu'elle puisse les représenter tous avec des traits & des couleurs différentes : moins de féerie, moins de merveilleux, plus de vérité, plus

de

de naturel, & la Danse paroîtra dans un plus beau jour. Je serois fort embarrassé, par exemple, de donner de l'intention à la Danse d'une comète, à celle des signes du Zodiaque, des heures, &c. Les interprètes de *Sophocle*, d'*Euripide* & d'*Aristophane* disent cependant que les danses des Egyptiens représentoient les mouvemens célestes & l'harmonie de l'univers ; ils dansoient en rond autour d'un autel qu'ils regardoient comme le Soleil ; & cette figure qu'ils décrivoient en se tenant par les mains, désignoit le Zodiaque ou le cercle des Signes ; mais tout cela n'étoit, ainsi que bien d'autres choses, que des figures & des mouvemens de convention, auxquels on attachoit une signification invariable. Je crois donc, Monsieur, qu'il nous feroit plus facile de peindre nos semblables ; que l'imitation en seroit plus naturelle & plus séduisante : mais c'est aux Poëtes, comme je l'ai dit, à chercher les moyens de faire paroître des hommes sur le théâtre de l'Opéra. Où en seroit l'impossibilité ? Ce qui s'eſt fait une fois, peut ſe répéter mille autres avec ſuccès. Il eſt ſûr que les pleurs d'*Andromaque*, que l'amour de *Junie* & de *Britannicus*, que la tendreſſe de *Mérope* pour *Egiſte*, que la ſoumiſſion d'*Iphigénie* & l'amour maternel de *Clytemneſtre* toucheront bien davantage que toute notre magie d'Opéra. La *Barbe-bleue* & le *petit Poucet* n'attendriſſent que les enfans ; les tableaux de l'humanité ſont les ſeuls qui parlent hautement à l'ame, qui l'affectent, qui l'ébranlent & qui la tranſportent. On s'intéreſſe foiblement aux Divinités fabuleuſes, parce qu'on eſt perſuadé que leur puiſſance & toute l'intelligence qu'elles montrent, leur ſont prêtées par le Poète : on n'eſt nullement inquiet ſur la réuſſite ; on ſait qu'ils viendront à bout de leur deſſein, & leur pouvoir diminue en quelque ſorte, à meſure que notre confiance augmente. Le cœur & l'eſprit ne ſont jamais la dupe de ce ſpectacle : il eſt rare, pour ne pas dire impoſſible, que l'on ſorte de l'Opéra avec ce trouble, cette émotion &

ce désordre enchanteur que l'on éprouve à une tragédie ou à une comédie touchante, la situation où elles nous jettent, nous suivroit long-temps, si les images gaies de nos petites pièces ne calmoient notre sensibilité & n'essuyoient nos larmes.

Je suis, &c.

## LETTRE IX.

C'EST, comme vous le savez, Monsieur, sur le visage de l'homme, que les passions s'impriment, que les mouvemens & les affections de l'ame se déploient, & que le calme, l'agitation, le plaisir, la douleur, la crainte & l'espérance se peignent tour-à-tour. Cette expression est cent fois plus animée, plus vive & plus précieuse que celle qui résulte du discours le plus véhément. Dépouillé de la pantomime du visage de celui qui le débite, il faut un temps pour articuler sa pensée, il n'en faut point à la physionomie pour la rendre avec énergie : c'est un éclair qui part du cœur, qui brille dans les yeux, & qui, répandant sa lumière sur tous les traits, annonce le bruit des passions & laisse voir, pour ainsi dire, l'ame à nu. Tous nos mouvemens sont purement automatiques & ne signifient rien, si la face demeure muette en quelque sorte,

& si elle ne les anime & les vivifie. La physionomie est donc la partie de nous-mêmes la plus utile à l'expression : or, pourquoi l'éclipser au théâtre par un masque, & préférer l'art grossier à la belle nature. Comment le Danseur peindra-t-il, si on le prive des couleurs les plus essentielles ? Comment fera-t-il passer dans l'ame du spectateur les mouvemens qui agitent la sienne, s'il s'en ôte lui-même le moyen, & s'il se couvre d'un morceau de carton & d'un visage postiche, triste & uniforme, froid & immobile. Le visage est l'organe de la scène muette, il est l'interprète fidèle de tous les mouvemens de la pantomime : en voilà assez pour bannir les masques de la Danse, cet art d'imitation, dont l'action doit tendre uniquement à tracer, à séduire & à toucher par la naïveté & la vérité de ses peintures.

Je serois fort embarrassé de démêler l'idée d'un Peintre, & de concevoir le sujet qu'il auroit voulu jeter sur la toile, si toutes les têtes de ses figures étoient uniformes

K 3

comme le font celles de l'Opéra, & fi les traits & les caractères n'en étoient pas variés. Je ne pourrois, dis-je, comprendre ce qui engage tel perfonnage à lever le bras, tel autre à avoir la main à la garde de fon fabre ; il me feroit impoffible de difcerner le fentiment qui fait lever la tête & les bras à celui-ci, & reculer celui-là : toutes les figures fuffent - elles deffinées dans les règles de l'art & les proportions de la nature, il me feroit mal-aifé de faifir l'intention de l'Artifte ; je confulterois en vain toutes les phyfionomies , elles feroient muettes ; leurs traits monotones ne m'inftruiroient pas ; leurs regards fans feu, fans paffion , fans énergie, ne me diroient rien ; je ne pourrois me difpenfer enfin de regarder ce tableau comme une copie fort imparfaite de la nature, puifque je n'y rencontrerois pas cette variété qui l'embellit & qui la rend toujours nouvelle.

Le public s'appercevra - t - il plus facilement de l'idée & du deffein d'un Danfeur, fi fans ceffe il lui cache fa phyfionomie fous

un corps étranger ; s'il enfouit l'efprit dans
la matière, & s'il fubftitue aux traits variés
de la nature ceux d'un plâtre mal deffiné
& enluminé de la manière la plus défagréable? Les paffions pourront-elles fe montrer
& percer le voile que l'Artifte met entre le
fpectateur & lui ? Parviendra-t-il à répandre fur un feul de ces vifages artificiels les
caractères innombrables des paffions ? Lui
fera-t-il poffible de changer la forme que
le moule aura imprimeé à fon mafque ? Car
un mafque, de quelque genre qu'il foit,
eft froid ou plaifant, férieux ou comique,
trifte ou grotefque. Le *modeleur* ne lui prête
qu'un caractère permanent & invariable :
s'il réuffit aifément à bien rendre les figures
hideufes & contrefaites, & toutes celles
qui font purement d'imagination, il n'a
pas le même fuccès lorfqu'il abandonne la
*charge*, & qu'il cherche à imiter la belle
nature : ceffe - t - il de la faire grimacer ?
il devient froid ; fes moules font de
glace ; fes mafques font fans caractère &
fans vie ; il ne peut faifir les fineffes des

traits & toutes les nuances imperceptibles,
qui *grouppant*, pour ainfi dire, la phyfionomie, lui prêtent mille formes différentes. Quel eft le *modeleur* qui puiffe entreprendre de rendre les paffions dans toutes
leurs dégradations ? Cette variété immenfe
qui échappe quelquefois à la peinture,& qui
eft la pierre-de-touche du grand Peintre,
peut - elle être rendue avec fidélité par un
faifeur de mafques ? Non, Monfieur, le
magafin de *Ducreux* ne fut jamais celui de
la nature; fes mafques en offrent la *charge*
& ne lui reffemblent point.

Il faudroit, pour autorifer l'ufage des
mafques dans la Danfe en action, en mettre autant de différentes efpèces fur fa
phyfionomie, que *Dom Japhet d'Arménie*
met de calottes de diverfes couleurs fur fa
tête, les ôter & les remettre fucceffivement, fuivant les circonftances & les mouvemens oppofés que l'on éprouveroit dans
un *pas-de-deux*. Mais on eft attaché à un
ufage plus facile, on garde une face em-
pruntée qui ne dit rien, & la Danfe qui

s'en reſſent néceſſairement ne parle pas mieux ; elle eſt totalement inanimée.

Ceux qui aiment les maſques, qui y ſont attachés par ancienneté d'habitude, & qui croiroient que l'art dégénéreroit ſi l'on ſecouoit le joug des vieilles rubriques de l'Opéra, diront, pour autoriſer leur mauvais goût, qu'il eſt des caractères au théâtre qui exigent des maſques ; comme les *Furies*, les *Tritons*, les *Vents*, les *Faunes*, &c. Cette objection eſt ridicule ; elle eſt fondée ſur un préjugé auſſi facile à combattre qu'à détruire. Je prouverai premiérement que les maſques dont on ſe ſert pour ces ſortes de caractères, ſont mal modelés, mal peints, & qu'ils n'ont aucune vraiſemblance ; ſecondement, qu'il eſt aiſé de rendre ces perſonnages avec vérité ſans aucun ſecours étranger. J'appuierai enſuite ce ſentiment par des exemples vivans que l'on ne pourra rejeter, ſi l'on eſt enfant de la nature, ſi la ſimplicité ſéduit, ſi le vrai ſemble préférable à cet art groſſier qui détruit l'illuſion & affoiblit le plaiſir du ſpectateur.

Les caractères que je viens de vous nommer font idéaux & purement d'imagination ; ils ont été créés & enfantés par les Poètes ; les Peintres leur ont donné enfuite une réalité par des traits & des attributs différens, qui ont varié à mefure que les arts fe font perfectionnés & que le flambeau du goût a éclairé les Artiftes. On ne peint plus, ni on ne danfe plus les *Vents* avec des foufflets à la main, des moulins à vent fur la tête & des habits de plumes pour caractérifer leur légéreté : on ne peindroit plus le *monde*, & on ne le danferoit plus avec une coiffure qui formeroit le Mont Olympe, avec un habit repréfentant une carte de Géographie ; on ne garnira plus fon vêtement d'infcriptions ; on n'écrira plus en gros caractères fur le fein & du côté du cœur, *Gallia* ; fur le ventre, *Germania* ; fur une jambe, *Italia* ; fur le derrière, *Terra auftralis incognita* ; fur un bras, *Hifpania*, &c.

On ne caractérifera plus la mufique avec un habit rayé à plufieurs portées & chargé de croches & de triples croches ; on ne la coiffera plus avec les clefs de *G-ré-fol*, de *C-fol-ut* & de *F-ut-fa* ; on ne fera plus danfer enfin le menfonge avec une jambe de bois, un habit garni de mafques & une lanterne fourde à la main ; ces allégories groffières ne font plus de notre fiècle : mais ne pouvant confulter la nature à l'égard de ces êtres chimériques, confultons du moins les Peintres ; ils repréfentent les *Vents*, les *Furies* & les *Démons* fous des formes humaines ; les *Faunes* & les *Tri-tons* ont la partie fupérieure du corps femblable aux hommes, la partie inférieure tient du bouc & du poiffon.

Les mafques des *Tritons* font verts & argent ; ceux des *Démons*, couleur de feu & argent ; ceux des *Faunes*, d'un brun noirâtre ; ceux des *Vents* font bouffis & dans l'action de quelqu'un qui fait des efforts pour fouffler : tels font nos mafques. Voyons préfentement, en les comparant avec les chefs-d'œuvre de la peinture, s'ils ont quelque reffemblance. Je vois dans les tableaux les plus précieux, des *Tritons* dont les physionomies ne font point vertes; j'apperçois des *Faunes* & des *Satyres* d'un teint rougeâtre & basané, mais un brun sombre n'est pas répandu également sur tous les traits ; je cherche des physionomies couleur de feu & argent, mais inutilement ; les *Démons* ont un teint rougeâtre, qui emprunte sa couleur de l'élément qu'ils habitent ; je sens la nature & je la vois par-tout ; elle ne se perd point sous l'épaisseur de la couleur & sous la pesanteur de la grosse brosse ; je distingue la forme de tous les traits ; je les trouve si vous voulez, hideux, *chargés*, tout me paroît outré ; mais tout me montre l'homme, non comme il est, mais comme il peut être sans choquer la vraisemblance. D'ailleurs, la différence de l'homme & de ces êtres engendrés de la fiction du cerveau des Poètes, n'est-elle pas nécessaire, & les habitans des élémens ne doivent-ils pas différer en quelque chose de l'humanité ? Les masques des *Vents* font ceux qui ressemblent le mieux aux originaux que les Peintres nous ont donnés ; & si l'on a besoin d'un masque au théâtre, c'est sans doute de celui-là. Deux raisons me le feroient adopter : premièrement, la difficulté de conserver long-temps cette physionomie boursouflée ; secondement, le peu d'expression de ce genre. Il ne dit rien, il tourne avec rapidité, il a beaucoup de mouvement & peu d'action; c'est un tourbillon de pas sans goût & souvent estropiés, qui éblouissent sans satisfaire, qui surprennent sans intéresser ; ainsi le masque ne dérobe rien. Je trouve, Monsieur, ce genre si froid & si ennuyeux, que je consentirai même que le Danseur en mette plusieurs, s'il imagine pouvoir amuser par ce moyen ceux qui les aiment. Si l'on en excepte *Borée* dans le Ballet ingénieux des *fleurs*, je ne connois à l'Opéra que des *Vents* aussi fatigans qu'incommodes.

En supprimant les masques, ne seroit-il pas possible de déterminer les Danseurs à s'ajuster d'une manière plus pittoresque & plus vraie ? Ne pourroient-ils pas suppléer aux dégradations du lointain , & par le secours de quelques teintes légères & de quelques coups de pinceau diftribués avec art , donner à leurs phyfionomies le caractère principal qu'elle doit avoir ? On ne peut rejeter cette propofition , fans ignorer ce que la nature peut produire lorfqu'elle eft aidée & embellie des charmes de l'art ; on ne peut , dis-je , me condamner qu'en ignorant totalement l'effet féduifant qui réfulte de cet arrangement , & les métamorphofes intéreffantes qu'il opère fans éclipfer la nature , fans la défigurer , fans affoiblir fes traits , fans la faire grimacer : un exemple étayera cette vérité ; il lui donnera la force de perfuader les gens de goût, & de convaincre une foule d'ignorans incrédules dont le théâtre eft infecté.

M. *Garrick* , célèbre Comédien Anglois , eft le modèle que je vais propofer. Il n'en eft pas de plus beau , de plus parfait & de plus digne d'admiration : il a pu être regardé comme le Protée de nos jours , car il réuniffoit tous les genres , & les rendoit avec une perfection & une vérité qui lui attirèrent non-seulement les applaudissemens & les suffrages de sa nation, mais qui excitent encore l'admiration & les éloges de tous les étrangers. Il étoit si naturel ; son expression avoit tant de vérité ; ses gestes, sa physionomie & ses regards étoient si éloquens & si persuasifs, qu'ils mettoient au fait de la scène ceux mêmes qui n'entendoient point l'Anglois. On le suivoit sans peine : il touchoit dans le pathétique ; il faisoit éprouver dans le tragique les mouvemens successifs des passions les plus violentes ; &, si j'ose m'exprimer ainsi, il arrachoit les entrailles du spectateur, il déchiroit son cœur, il percoit son ame & lui faisoit répandre des larmes de sang. Dans le comique noble, il séduisoit & il enchantoit ; dans le genre moins élevé, il amusoit & il s'arrangeoit au théâtre avec tant d'art, qu'il étoit souvent méconnu des personnes qui vivoient habituellement avec lui. Vous connoissez la quantité immense des caractères que présente le théâtre Anglois : il

les jouoit tous avec la même fupériorité ;
il avoit, pour ainfi dire , un vifage différent pour chaque rôle ; il favoit diftribuer
à propos & fuivant que les caraɛtères
l'exigeoient, quelques coups de pinceau fur
les endroits où la phyfionomie doit fe
*groupper* & faire tableau : l'âge, la fituation , le caraɛtère, l'emploi & le rang du
perfonnage qu'il devoit repréfenter, déter-
minoient fes couleurs & fes pinceaux. Ne
penfez pas que ce grand Aɛteur fût bas,
trivial & grimacier : fidèle imitateur de la
nature , il en fut faire le plus beau choix ;
il la montra toujours dans des pofitions
heureufes & dans des jours avantageux ; il
conferva la décence que le théâtre exige
dans les rôles même les moins fufceptibles
de graces & d'agrémens : il ne fut jamais
au deffous ni au deffus du perfonnage qu'il
faifoit ; il faififfoit ce point jufte d'imitation
que les comédiens manquent prefque toujours : ce taɛt heureux qui caraɛtérife le
grand aɛteur & qui le conduit à la vérité ,
eft un talent rare que **M.** *Garrick* poffédoit ;

talent

talent d'autant plus estimable, qu'il empêche l'acteur de s'égarer & de se tromper
dans les teintes qu'il doit employer dans
ses tableaux ; car on prend souvent le froid
pour la décence, la monotonie pour le raisonnement, l'air guindé pour l'air noble,
la minauderie pour les graces, le poumon
pour les entrailles, la multiplicité des gestes
pour l'action, l'imbécillité pour la naïveté,
la volubilité sans nuances pour le feu, &
les contorsions de la physionomie pour l'expression vive de l'ame. Ce n'étoit point
tout cela chez M. *Garrick ;* il étudioit ses
rôles & plus encore les passions. Fortement
attaché à son état, il se renfermoit en lui-
même, & se déroboit à tout le monde les
jours qu'il jouoit des rôles importans. Son
génie l'élevoit au rang du Prince qu'il devoit représenter ; il en prenoit les vertus &
les foiblesses ; il en saisissoit le caractère &
les goûts ; il se transformoit ; ce n'étoit
plus *Garrick* à qui l'on parloit, ce n'étoit
plus *Garrick* que l'on entendoit : la méta-
morphose une fois faite, le comédien dis-

L

paroiſſoit & le héros ſe montroit ; il ne reprenoit ſa forme naturelle que lorſ-qu'il avoit rempli les devoirs de ſon état. Vous concevez, Monſieur, qu'il étoit peu libre, que ſon ame étoit toujours agitée, que ſon imagination travailloit ſans ceſſe, qu'il étoit les trois quarts de ſa vie dans un enthouſiaſme fatigant, qui altéroit d'autant plus ſa ſanté, qu'il ſe tourmentoit & ſe pénétroit d'une ſituation triſte & malheureuſe, vingt-quatre heures avant de la peindre & de s'en délivrer. Rien de ſi gai que lui au contraire, les jours où il devoit repréſenter un Poète, un Artiſan, un homme du peuple, un Nouvelliſte, un Petit-Maître ; car cette eſpèce règne auſſi en Angleterre, ſous une autre forme à la vérité que chez nous : le génie différera, ſi vous le voulez, mais l'expreſſion du ridicule & de l'impertinence eſt égale : dans ces ſortes de rôles, dis-je, ſa phyſionomie ſe déployoit avec naïveté ; ſon ame y étoit toujours répandue ; ſes traits laiſſoient voir à chaque inſtant de nouveaux ſentimens

peints avec la plus grande vérité. On peut,
fans partialité, le regarder comme le *Rofcius* de l'Angleterre, puifqu'il réunissoit à la
diction, au débit, au feu, au naturel,
à l'efprit & à la finesse, cette pantomime
& cette expression rare de la fcène muette,
qui caractérifent le grand acteur & le parfait comédien. Je ne dirai plus qu'un
mot au fujet de cet acteur diftingué, &
qui fera connoître la fupériorité de fes talens. Je lui ai vu repréfenter une tragédie
à laquelle il avoit retouché; car il joignoit
au mérite d'exceller dans la comédie, celui
d'être un des Poëtes les plus agréables de fa
nation; je lui ai vu, dis-je, jouer un
tyran, qui, effrayé de l'énormité de fes
crimes, meurt déchiré de fes remords. Le
dernier acte n'étoit employé qu'aux regrets
& à la douleur; l'humanité triomphoit des
meurtres & de la barbarie; le tyran fenfible
à fa voix déteftoit fes crimes; ils deve-
noient par gradation fes juges & fes bour-
reaux; la mort à chaque inftant s'imprimoit
fur fon vifage; fes yeux s'obfcurcissoient;

L 2

fa voix fe prêtoit à peine aux efforts qu'il faifoit pour articuler fa penfée : fes geftes, fans perdre de leur expreffion, caractéri- foient les approches du dernier inftant ; fes jambes fe déroboient fous lui, fes traits s'alongeoient ; fon teint pâle & livide por- toit l'empreinte de la douleur & du repen- tir ; il tomboit enfin : dans cet inftant fes crimes fe retraçoient à fon imagination fous des formes horribles ; effrayé des ta- bleaux hideux que fes forfaits lui préfen- toient, il luttoit contre la mort ; la nature fembloit faire un dernier effort. Cette fitua- tion faifoit frémir : il grattoit la terre, il creufoit en quelque façon fon tombeau ; mais le moment approchoit , on voyoit réellement la mort : tout peignoit cet inf- tant qui ramène à l'égalité ; il expiroit en- fin : le hoquet de la mort & les mouve- mens convulfifs de la phyfionomie , des bras & de la poitrine, donnoient le dernier coup à ce tableau terrible.

Voilà ce que j'ai vu, Monfieur, & ce que les comédiens devroient voir. En imi-

tant ce grand acteur, il ne feroit pas difficile d'abolir les mafques , parce qu'alors
les phyfionomies feroient parlantes & animées, & que l'on poffederoit le talent de
les caractérifer avec autant d'efprit & d'art
que *Garrick* lui-même.

Plufieurs perfonnes prétendent que les
mafques fervent à deux ufages : premièrement , à l'uniformité ; fecondement, à
cacher les tics ou les grimaces produites
par les efforts d'un exercice pénible. Il
n'eft d'abord queftion que de favoir fi cette
uniformité eft un bien ; pour moi je l'en-
vifage tout différemment ; je trouve qu'elle
altère la vérité & qu'elle détruit la vraifemblance. La nature eft - elle uniforme
dans fes productions ? Quel eft le peuple
de la terre à qui elle a donné une exacte
reffemblance ? Tout n'eft-il pas varié ? tout
ce qui exifte dans l'univers n'a-t-il pas des
formes, des couleurs & des teintes différentes ? Le même arbre produit - il deux
feuilles femblables , deux fleurs pareilles,
deux fruits égaux ? Non , fans doute , les

gradations & les dégradations des productions de la nature font infinies ; leur
variété eft immenfe & incompréhenfible.
Si l'on trouve rarement des *Ménechmes*,
fi l'uniformité des traits & la conformité
de la reffemblance eft admirée dans deux
jumeaux, comme un jeu de la nature,
quelle doit être ma furprife, lorfque je
verrai à l'Opéra douze hommes qui n'auront à eux tous qu'un même vifage !
& quel fera mon étonnement lorfque je
trouverai dans les Grecs, dans les Romains,
dans les Bergers, dans les Matelots, dans
les Jeux, dans les Ris, dans les Plaifirs,
dans les Prêtres, dans les Sacrificateurs
enfin, une feule & même phyfionomie !
Quelle abfurdite ! fur - tout dans un fpectacle où tout varie, où tout eft en mouvement, où les lieux changent, où les
nations fe fuccèdent, où les vêtemens diffèrent à chaque inftant, tandis que les
phyfionomies des Danfeurs ne font qu'une.
Nulle diverfité dans les traits, nulle expreffion, nul caractère : tout languit, & la

nature gémit fous un mafque mort & défagréable. Pourquoi laiffer aux acteurs & aux
chanteurs des chœurs leurs phyfionomies,
dès qu'on la dérobe à ceux qui, privés
de la parole & de l'ufage de la voix, en
auroient encore plus befoin qu'eux ? Quel
contre-fens que celui qu'offrent le Dieu
Pan & une partie des Faunes & des Syl-
vains de fa fuite, avec des vifages blancs,
tandis que l'autre partie porte des mafques
bruns ! Les Démons danfans font couleur
de feu, & ceux qui chantent à côté d'eux
ont un teint pâle & livide. Les Dieux ma-
rins, les Tritons, les Fleuves, les Ondins
ont la phyfionomie femblable à la nôtre
lorfqu'ils chantent. Les fait-on danfer ? ce
font des vifages vert-de-pré, qui paffe-
roient à peine dans une mafcarade uniquement deftinée au déguifement. Voilà cette
uniformité prétendue abfolument détruite.
Eft-elle néceffaire ? que l'on mafque généralement tout le monde. Ceffe-t-elle de
l'être ? que l'on brife les mafques : car les
raifons qui en interdifent l'ufage aux acteurs,

font les mêmes que celles qui doivent le proscrire dans la Danse. Vous voyez, Monsieur, que toutes les physionomies bizarres ne font faites que pour choquer tous ceux qui font amis du vrai, du simple & du naturel.

Mais paffons aux tics; c'eft une objection fi foible qu'elle ne mériteroit peut-être pas de réponfe. Les tics, les contorfions & les grimaces prennent moins naiffance de l'habitude que des efforts violens que l'on fait pour fauter; efforts qui *contractant* tous les mufcles, font grimacer les traits de cent manières différentes, & auxquels je ne peux reconnoître qu'un forçat, & non un Danfeur & un Artifte. Tout Danfeur qui altère fes traits par des efforts, & dont le vifage eft fans ceffe en convulfion, eft un mauvais Danfeur qui ignore les premiers élémens de fon art, qui ne s'attache qu'à la partie groffière de la Danfe, & qui n'en a jamais fenti l'efprit. Un tel homme eft fait pour aller faire le faut périlleux :

le *Tramplain* (1) & la *Batoude* doivent être
son théâtre, puisqu'il a sacrifié l'imitation,
le génie & les charmes de son art à une
routine qui l'avilit; puisqu'au lieu de s'attacher à peindre & à sentir, il ne s'est ap-
pliqué qu'à la mécanique de son talent;
puisqu'enfin sa physionomie ne montre que
la peine & la contrainte, lorsqu'elle ne
devroit me tracer que l'aisance & la liberté;
un tel homme enfin n'est qu'un mal-adroit,
dont l'exécution pénible est toujours désagréable. Eh ! qui peut nous flatter davantage, Monsieur, que la grace qui naît de
la facilité ? Les difficultés ne font en droit
de plaire que lorsqu'on ne les sent pas, &
qu'elles empruntent enfin cet air noble
& aisé, qui, dérobant la peine, ne laisse
voir que la légéreté. Les Danseuses de
nos jours ont, proportion gardée, plus
d'exécution que les hommes ; elles font

_______

(1) Planches posées de manière qu'elles ont une grande
élasticité, ce qui facilite les sauts périlleux des danseurs de
corde.

tout ce qu'il eft poffible de faire. Je demanderai donc pourquoi les Danfeufes con-
fervent les graces de leur phyfionomie
dans les inftans les plus violens de leur
exécution ? Pourquoi les mufcles du
vifage ne fe *contractent - ils* pas, lorfque
toute la machine eft ébranlée par des fecouffes violentes & des efforts réitérés ?
Pourquoi, dis - je, les femmes, naturellement moins nerveufes, moins mufcu-
leufes & moins fortes que nous, ont-elles
la phyfionomie tendre & voluptueufe,
vive & animée, & toujours expreffive,
lors même que les refforts & les mufcles
qui coopérent à leurs mouvemens font
dans une contention forcée, & qui con-
traint la nature? D'où vient enfin ont-elles
l'art de dérober la peine, de cacher le travail
du corps & les impreffions défagréables, & de
fubftituer à la grimace qui naît des efforts,
la fineffe de l'expreffion la plus délicate &
la plus tendre ? C'eft qu'elles apportent
une attention particulière à l'exercice ;
qu'elles favent qu'une contorfion enlaidit

la figure & change le caractère de la phyfionomie; c'eft qu'elles fentent que l'ame
fe déploie fur le vifage, qu'elle fe peint
dans les yeux, qu'elle anime les traits; c'eft
qu'elles font perfuadées enfin que la phyfionomie eft, ainfi que je l'ai dit, la partie
de nous-mêmes où toute l'expreffion fe
raffemble, & qu'elle eft le miroir fidèle de
nos fentimens, de nos mouvemens & de
nos affections. Auffi mettent-elles plus
d'ame, plus d'expreffion & plus d'intérêt
dans leur exécution que les hommes. En
apportant le même foin qu'elles, nous ne
ferons ni affreux ni défagréables, nous ne
contracterons plus d'habitude vicieufe;
nous n'aurons plus de tics, & nous pour-
rons nous paffer d'un mafque qui, dans
cette circonftance, aggrave le mal fans le
détruire : c'eft un emplâtre qui dérobe
aux yeux des imperfections, pour en offrir
une conftante & plus défagréable. Le remède ne pourra s'appliquer, fi l'on cache
continuellement fa phyfionomie. En effet,
quel confeil peut-on donner à un mafque ?

il feroit toujours froid & mauffade en dépit
des bons avis. Que l'on dépouille la phyfionomie de ce corps étranger, que l'on
aboliffe cet ufage qui cache le jeu de l'ame
& qui l'empêche de déployer fur les traits ;
alors on jugera le Danfeur, on eftimera fon
expreffion. Celui qui joindra aux difficultés
& aux graces de l'art cette pantomime vive
& animée & cette expreffion rare de fentiment, recevra avec le titre d'excellent
Danfeur, celui de bon comédien : les éloges l'encourageront ; les avis & les confeils
des connoiffeurs le conduiront à la perfection de fon art. On lui diroit alors :
» votre phyfionomie étoit trop froide dans
» tel endroit ; dans tel autre, vos regards
» n'étoient pas affez animés ; le fentiment
» que vous aviez à peindre étant foible
» au dedans, n'a pu fe manifefter au de-
» hors avec affez de force & d'énergie ;
» auffi vos geftes & vos attitudes fe font-
» ils reffentis du peu de feu que vous avez
» mis dans l'action : livrez-vous donc da-
» vantage une autre fois ; pénétrez-vous

» de la situation que vous avez à rendre ,
» & n'oubliez jamais que pour bien pein-
» dre, il faut sentir, mais sentir vivement.»
De tels conseils, Monsieur, rendroient la
Danse aussi florissante que la pantomime
l'étoit chez les anciens , & lui donneroit
un lustre qu'elle n'atteindra jamais , tant
que l'habitude prévaudra sur le bon goût.

Permettez-moi donc de donner la préférence aux physionomies vives & animées.
Leur variété nous distingue ; elle indique
ce que nous sommes, & nous sauve enfin
de la confusion générale qui régnoit dans
l'univers, si elles se ressembloient toutes
comme à l'Opéra.

Vous m'avez dit plusieurs fois que pour
abolir l'usage des masques , il faudroit nécessairement que tous les Danseurs eussent
une physionomie théatrale. Je suis de ce
sentiment, & je ne fais pas plus de cas d'un
visage triste , froid & inanimé, que d'un
masque; mais comme il y a trois genres de
Danse réservés a des tailles & à des physionomies différentes , les Danseurs en

s'examinant avec foin & en fe rendant juftice, pourront tous fe placer avanta-geufement ; leur objet eft égal : dans quel-que genre que ce foit, ils doivent imiter, ils doivent être pantomimes. Il n'eft donc queftion que de faire parler à la Danfe un langage plus ou moins élevé, fuivant la dignité du fujet & l'efpèce du genre.

La Danfe férieufe & héroïque porte en foi le caractère de la tragédie ; la mixte ou demi-férieufe, que l'on nomme communé-ment *demi-caractère*, celui de la comédie noble, autrement dit le *haut-comique* ; la Danfe grotefque emprunte fes traits de la comédie d'un genre comique, gai & plai-fant. Les tableaux d'hiftoire du célèbre *Vanloo* font l'image de la Danfe férieufe ; ceux du galant & de l'inimitable *Boucher*, celle de la Danfe *demi-caractère* ; ceux enfin de l'incomparable *Teniers*, celle de la Danfe comique. Le génie des trois Dan-feurs qui embrafferont particulièrement ces genres, doit être auffi différent que leur taille, leur phyfionomie & leur étude.

L'un fera grand, l'autre galant, & le dernier plaifant. Le premier puifera fes fujets dans l'hiftoire & la fable ; le fecond, dans la paftorale ; & le troifième, dans l'état groffier & ruftique. Et tout homme, s'il en exifte un qui ne puiffe donner aucun caractère à fon vifage, doit quitter le théâtre pour jamais.

Il n'eft pas moins néceffaire que ces trois genres de Danfeurs aient de l'efprit, du goût & de l'imagination, ainfi que trois grands Peintres dans des genres oppofés. Ils doivent faifir cet inftant de vérité & cette imitation jufte qui place la copie au rang de l'original & montre l'objet réel dans l'objet imité.

La taille qui convient au férieux eft fans contredit la taille noble & élégante. Ceux qui fe livrent à ce genre, ont fans doute plus de difficulté à furmonter & plus d'obftacles à combattre pour arriver à la perfection. C'eft avec peine qu'ils fe deffinent agréablement : plus les parties ont d'étendue, plus il eft difficile de les arrondir & de les développer avec grace. Tout eſt ſéduiſant, tout eſt charmant dans les petits enfans; leurs geſtes, leurs attitudes ſont pleins de graces; les contours en ſont admirables. Si ce charme diminue, ſi tel enfant ceſſe de plaire, ſi ſes bras paroiſſent moins bien deſſinés, ſi la tête n'a plus cet agrément qui ſéduiſoit le ſpectateur, c'eſt qu'il grandit, que ſes membres, en s'alongeant, perdent de leur gentilleſſe, & que les beautés réunies dans un petit eſpace frappent davantage que lorſqu'elles ſont éparſes. L'œil aime à voir & n'aime point à chercher.

La taille qui eſt propre au *demi-caractère* & à la Danſe voluptueuſe, eſt ſans contredit la moyenne; elle peut réunir toutes les beautés de la taille élégante. Qu'importe la hauteur, ſi d'agréables proportions brillent également dans toutes les parties du corps, & rendent cette grace & cette expreſſion ſans art qui règne au village?

La taille du Danſeur comique exige moins de perfections: plus raccourcie, elle prêtera plus de grace, de gentilleſſe & de naïveté à l'expreſſion.

Les

Les phyſionomies ainſi que les tailles doivent différer. Une figure noble, de grands traits, un caractère fier, un regard majeſtueux, voilà le maſque du Danſeur ſérieux.

Des traits moins grands, une figure auſſi agréable qu'intéreſſante, un viſage compoſé pour la volupté & la tendreſſe, forment la phyſionomie propre au *demi-caractère* & au genre paſtoral.

Une phyſionomie plaiſante & toujours animée par l'enjouement & la gaieté, eſt la ſeule qui convienne aux Danſeurs comiques. Ils doivent imiter cette ſimplicité, cette joie franche de la nature en belle humeur.

Il n'eſt donc queſtion, Monſieur, pour ſe paſſer de maſque & pour réuſſir, que de s'étudier ſoi - même. Conſultons ſouvent notre miroir ; c'eſt un grand maître qui nous dévoilera toujours nos défauts & qui nous indiquera les moyens de les pallier ou de les détruire, lorſque nous nous préſenterons à lui dégagés d'amour-propre &

M

de toutes les préventions ridicules. Le caractère de la beauté eſt beaucoup moins néceſſaire à la phyſionomie que celui de l'eſprit : toutes celles qui, ſans être régulières, ſont animées par le ſentiment, plaiſent bien davantage que celles qui ſont belles, ſans expreſſion & ſans vivacité. Le théâtre d'ailleurs eſt avantageux à l'Acteur; les lumières donnent ordinairement de la valeur aux traits, & les phyſionomies qui ſont ſpirituelles gagnent toujours à être vues ſur la ſcène. Au reſte, Monſieur, les Danſeurs qui péchent par la taille, par la figure & par l'eſprit, & qui ont des défauts viſibles & rebutans, doivent renoncer au théâtre, & prendre, comme je l'ai déja dit, un métier qui n'exige aucune perfection dans la ſtructure ni dans les traits. Que tous ceux au contraire qui ſont favoriſés de la nature, qui ont un goût vif & décidé pour la Danſe, & qui ſont comme appelés à la pratique de cet art, apprennent à ſe placer & à ſaiſir le genre qui leur eſt véritablement propre. Sans précaution , plus de réuffite , plus de fupériorité. *Moliere* n'auroit point eu de fuccès, s'il eût voulu afpirer à être *Corneille* , & *Racine* n'auroit jamais été un *Moliere*.

Si *Préville* n'a pas pris les rôles de Rois, c'eft que le caractère plaifant & enjoué de fa figure auroit fait rire au lieu d'en impofer ; & s'il excelle dans fon emploi, c'eft qu'il a fu le choifir comme celui qui lui convenoit le mieux & pour lequel il étoit né. *Lany* , par la même raifon, s'eft livré à la Danfe comique, parce que ce genre fembloit être fait pour lui, ou plutôt parce qu'il étoit fait pour ce genre : il eût été déplacé & n'auroit pas été fupérieur, s'il eût adopté celui du célèbre *Dupré*, &c.

M. *Sarrazin* enfin n'auroit pas trouvé en lui ce qu'il faut pour jouer les niais & tous les rôles de *charges* attachés à cet emploi. L'élévation de fon ame , le caractère refpectable de fa phyfionomie, fes organes difpofés à rendre le pathétique & à faire verfer des larmes , n'auroient pu convenir à des caractères bas, qui exigent auſſi peu de talent que de perfection. M. *Veſtris*, à ſon exemple, a laiſſé le burleſque pour ſe livrer à la Danſe noble & au grand ſérieux, genre dans lequel il a été le modèle le plus parfait.

Pour élever la Danſe au degré de ſublimité qui lui manque & qu'elle peut atteindre aiſément, il ſeroit à propos que les Maîtres de Danſe ſuiviſſent dans leurs leçons la même conduite que les Peintres obſervent dans celle qu'ils donnent à leurs élèves. Ils commencent par leur faire deſſiner l'*ovale*, ils paſſent enſuite aux parties de la phyſionomie, & les réuniſſent enfin pour former une tête, ainſi des autres parties du corps. Lorſque l'élève eſt parvenu à mettre une figure *enſemble*, le Maître lui enſeigne la façon de l'animer, en y répandant de la force & du caractère; il lui apprend à connoître les mouvemens de la nature; il lui indique la manière de diſtribuer avec art ces coups de crayon qui donnent la vie & qui impriment ſur la phyſio-

nomie les paffions & les affections dont
l'ame eft pénétrée.

Le Maître de Danfe, ainfi que le Peintre,
après avoir enfeigné à fon élève les pas,
la manière de les enchaîner les uns avec
les autres, les oppofitions des bras, les
effacemens du corps & les pofitions de la
tête, devroit encore lui montrer à y donner de la valeur & de l'expreffion par le
fecours de la phyfionomie. Il ne faudroit,
pour y réuffir, que lui *régler des entrées*
dans lefquelles il y auroit plufieurs paffions
à rendre. Il ne feroit pas fuffifant de lui
faire peindre ces mêmes paffions dans
toute leur force ; il faudroit encore qu'il
lui enfeignât la fucceffion de leurs mouvemens, leurs gradations, leurs dégradations & les différens effets qu'elles produifent fur les traits. De telles leçons feroient parler la Danfe & raifonner le Danfeur ; il apprendroit à peindre en appre-
nant à danfer, & ajouteroit à notre art
un mérite qui le rendroit beaucoup plus
eftimable.

M 3

Mais dans l'état où font les chofes, une bonne peinture m'affecte plus qu'un Ballet. Ici je vois de la conduite & du raifonnement, de la précifion dans l'*enfemble*, de la vérité dans le *coftume*, de la fidélité dans le trait hiftorique, de la vie dans les figures, des caractères frappans & variés dans les têtes, & de l'expreffion par-tout; c'eft la nature qui m'eft offerte par les mains habiles de l'art : mais là je ne vois que des tableaux auffi mal compofés que défagréablement deffinés. Voilà mon fentiment; & fi l'on fuivoit exactement la route que je viens de tracer, on briferoit les mafques, on fouleroit aux pieds l'idole pour fe vouer à la nature, & la Danfe produiroit des effets fi frappans, que l'on feroit forcé de la placer au niveau de la peinture & de la poéfie (1).

---

(1) Depuis la publication de cet Ouvrage, j'ai vu difparoitre ces mafques contre lefquels je me fuis fi fortement élevé : cette réforme n'eft pas un des moindres fervices que j'ofe me flatter d'avoir rendu à mon art; & c'eft pour moi la plus belle & la plus digne récompenfe.

Si nos Maîtres de Ballets étoient des auteurs ingénieux, fi nos Danfeurs étoient
excellens comédiens, où feroit la difficulté de divifer la Danfe par emploi, &
de fuivre l'ufage que la Comédie s'eft im-
pofé? Les Ballets étant des poèmes, ils
exigeroient, ainfi que les ouvrages drama-
tiques, un certain nombre de perfonnages
pour les repréfenter : dès-lors l'on ne diroit
plus, tel Danfeur excelle dans la *chaconne*,
tel autre brille dans la *loure*; telle Danfeufe
eft admirable dans les *tambourins*; celle-ci
eft unique pour les *paffepieds*, & celle-là
eft fupérieure dans les *mufettes*: mais on
pourroit dire alors, ( & cet éloge feroit
plus flatteur ) tel Danfeur eft inimitable
dans les rôles tendres & voluptueux; tel
autre eft excellent dans les rôles de tyran
& dans tous ceux qui exigent une action
forte; telle Danfeufe féduit dans les rôles
d'amoureufe; telle autre eft incomparable
dans les rôles de fureur; celle-ci enfin rend
les fcènes de dépit avec une vérité fin-
gulière.

M 4

Je conçois qu'un tel arrangement ne peut avoir lieu, si les Compositeurs se renferment dans un seul genre, & si les Danseurs ne quittent cette fureur de remuer machinalement les jambes & les bras.

Tel est le caractère de la belle Danse, qu'il faut y substituer le raisonnement à l'imbécillité, l'esprit aux tours de force, l'expression aux difficultés, les tableaux aux cabrioles, les graces aux minauderies, le sentiment à la routine des pieds, & les caractères variés de la physionomie à ces masques tièdes qui n'en portent aucun.

On pourroit m'alléguer encore que le masque sérieux porte un caractère de noblesse; qu'il ne dérobe point les yeux du Danseur, & qu'on peut lire dans leurs regards les mouvemens qui les affectent. Je répondrai premièrement qu'une physionomie qui n'a qu'un caractère, n'est pas une physionomie théatrale; secondement, que le masque ayant une épaisseur, & résultant d'un moule dont la forme diffère de celle des physionomies qui s'en servent, il est impoſſible qu'il emboîte exactement les traits : non-ſeulement il groſſit la tête & lui fait perdre ſes juſtes proportions , mais il enterre , il étouffe encore les regards. En ſuppoſant même qu'il ne prive point les yeux de l'expreſſion qu'ils doivent avoir , ne s'oppoſe - t - il pas à l'altération que les paſſions produiſent ſur les traits & ſur la couleur du viſage ? Le public peut - il les voir naître , s'appercevoir de leurs progrès & ſuivre le Danſeur dans tous ſes mouvemens ? Les yeux ſont - ils les ſeuls organes du ſentiment ?

L'imagination , diront les défenſeurs du maſque , ſupplée à ce qui nous eſt caché ; & lorſque nous voyons les yeux étincelant de jalouſie , nous croyons voir le reſte de la phyſionomie allumé du feu de cette paſſion. Non , Monſieur , l'imagination quelque vive qu'elle ſoit , ne ſe prête point à des contre-ſens de cette eſpèce : des yeux exprimant la tendreſſe , tandis que les traits peindront la haine , des regards pleins de fureur lorſque la phyſiono-

mie fera gaie & enjouée , font des contraftes qui ne fe rencontrent point dans la
nature , & qui font trop révoltans pour que
l'imagination, quelque complaifante qu'elle
foit , puiffe les concilier. Voilà pourtant
l'effet que produit le mafque férieux ; il eft
toujours gracieux & ne peut changer de
caractère , lorfque les yeux en prennent à
chaque inftant de nouveaux.

Il y a plus de deux mille ans, diront les
apologiftes du mafque , que les vifages
poftiches font en ufage ; mais il y a deux
mille ans qu'on eft dans l'erreur à cet égard:
cette erreur , pardonnable aux anciens ,
ne peut l'être chez les modernes.

Les fpectacles autrefois étoient autant pour le peuple que pour les gens d'un
certain ordre. Pauvres , riches , tout le
monde y étoit admis : il falloit donc de
vaftes enceintes pour contenir un nombre
infini de fpectateurs qui n'auroient point
trouvé le plaifir qu'ils venoient chercher,
fi l'on n'eût eu recours à des mafques
énormes , à un ventre , à des mollets

poſtiches & à des cothurnes fort ex-
hauſſés.

Mais aujourd'hui que nos ſalles ſont reſ-
ſerrées , qu'elles ont peu d'étendue , que
la porte eſt fermée à quiconque ne paie
pas, on n'a pas beſoin de ſuppléer aux
gradations du lointain : l'acteur & le
danſeur doivent paroître ſur la ſcène
dans leurs proportions naturelles ; le maſque leur devient étranger , il ne fait que
cacher les mouvemens de leur ame; il eſt
un obſtacle aux progrès & à la perfection
de leur art.

Cependant , dira-t-on encore , les maſques ont été imaginés pour la Danſe.
Qu'eſt-ce que cela prouveroit? Mais il n'y
a rien de certain là-deſſus , Monſieur, & il
y a même plus d'apparence qu'ils l'ont été
pour la tragédie & la comédie. Pour en
être plus ſûrs & pour nous en convaincre, remontons, s'il eſt poſſible, à leur
origine.

*Orphée* & *Linus*, ſuivant *Quintilien*, en
parloient dans leurs poéſies : mais à quoi

fervoient-ils dans ce temps-là au théâtre ? On ne les connoiſſoit pas encore.

*Theſpis* qui vint après eux,

.... Fut le premier qui, barbouillé de lie,
Promena par les bourgs cette heureuſe folie ;
Et d'acteurs mal ornés chargeant un tombereau,
Amuſa les paſſans d'un ſpectacle nouveau.

*Eſchyle* lui ſuccéda, &

.... Dans les chœurs jeta les perſonnages,
D'un maſque plus honnête habilla les viſages,
Sur les ais d'un théâtre en public exhauſſé,
Fit paroître l'acteur d'un brodequin chauſſé.

Voilà donc des maſques ; mais étoient-ils faits pour les Danſeurs ? Les Auteurs ne s'expliquent point, & ne parlent que des acteurs.

*Sophocle* & *Euripide*, après eux, n'introduiſirent rien de nouveau ; ils perfectionnèrent ſeulement la tragédie, & ne changèrent aux maſques d'*Eſchyle* que la forme dont ils avoient beſoin pour les différens caractères de leurs pièces.

A peu près, dans le même temps parut *Cratès*, à l'exemple d'*Epicharmus* & de *Phormis*, poètes Siciliens ; il donna à la comédie un théâtre plus décent & dans un ordre plus régulier. L'histoire ne dit rien de ce qu'ils firent pour les masques : peut-être différencièrent-ils les masques comiques d'avec les tragiques.

Je consulte encore *Ariftophane* & *Ménandre*, mais ils ne m'instruisent de rien : je vois que ce premier donne *Socrate* en spectacle dans sa pièce des *Nuées*, & qu'il fait sculpter un masque qui, en excitant la risée de la populace, n'offroit sans doute que la *charge* des traits de ce grand Philosophe.

Je passe chez les Romains : *Plaute* & *Térence* ne me parlent point des masques destinés aux *pantomimes*. Je vois dans les anciens manuscrits, sur les pierres gravées, sur les médailles & à la tête des comédies de *Térence*, des masques tout aussi hideux que ceux dont on se servoit à Athènes.

*Roſcius* & *Æſopus* m'éblouiſſent, mais ce ſont des acteurs & non des danſeurs. Je tâche en vain de découvrir le temps de l'origine des maſques à Rome ; recherche inutile. *Diomède* dit bien que ce fut un *Roſcius Gallus* qui le premier s'en ſervit pour cacher un défaut qu'il avoit dans les yeux ; mais il ne me dit pas dans quel temps ce *Roſcius* vivoit : ce qui n'avoit été employé d'abord que pour dérober une difformité, devint par la ſuite abſolument néceſſaire, vu l'immenſité des théâtres ; & l'on fit, ainſi qu'à Athènes, des maſques énormes. Grands yeux de travers, bouche large & béante, lévres pendantes, puſtules au front, joues bouffies ; tels étoient les maſques des anciens.

On ajoutoit encore à ces maſques une eſpèce de cornet ou de porte - voix, qui portoit les ſons avec fracas aux ſpectateurs les plus éloignés ; ils furent incruſtés d'airain. On employa enſuite une eſpèce de marbre que *Pline* nommoit *calcophonos* ou *son d'airain*, parce qu'il rendoit un son semblable à celui de ce métal.

Les anciens avoient encore des masques à deux visages; le profil du côté droit étoit gai, celui du côté gauche étoit triste & de mauvaise humeur. L'acteur avoit soin, selon l'exigence des cas & la situation où il se trouvoit, de présenter le côté de la physionomie dont le caractère étoit analogue à l'action qu'il avoit à rendre.

On faisoit enfin des masques critiques; on se donnoit la liberté de jouer les citoyens, & les Sculpteurs, chargés de l'exécution des masques, imitoient la ressemblance de ceux qu'on donnoit en spectacle.

Ces masques énormes étoient sculptés en bois, & d'une pesanteur considérable; ils enveloppoient toute la tête, & ils avoient pour base les épaules. Je vous laisse à penser, Monsieur, s'il est possible d'imaginer que de pareils fardeaux aient été créés pour la Danse; ajoutez encore l'attirail, le ventre, les mollets, les cuisses postiches & les échasses, & vous verrez

qu'il n'eft pas probable que cet accoutre-
ment ait été imaginé pour un art, enfant de
la liberté, qui craint les entraves d'une
mode embarraffante, & qui ceffe de fe
montrer dès qu'il ceffe d'être libre.

Ce *coftume* étoit fi gênant & fi incom-
mode que l'acteur récitant ne faifoit aucun mouvement. La déclamation étoit fouvent partagée entre deux perfonnes; l'un
faifoit les geftes, tandis que l'autre dé-
clamoit.

On feroit prefque tenté de croire que
les anciens n'avoient aucune idée de la
Danfe analogue à celle de nos jours : car,
comment concilier notre exécution vive
& brillante avec l'attirail lourd & incom-
mode des Grecs & des Romains ?

Il eft vrai, dit *Lucien*, que les mafques
des *pantomimes* étoient moins difformes
que ceux des acteurs, que leur équipage
étoit propre & convenable; mais les mafques étoient-ils moins grands ? les Danfeurs avoient-ils moins befoin de s'enfler
& de fe groffir ? devoient-ils moins ménager

le lointain que les acteurs ? Il y auroit de l'abſurdité à le penſer : ceux - ci auroient donc été des coloſſes, & les autres des pygmées.

Voilà, Monſieur, le ſeul paſſage qui puiſſe faire penſer que les *pantomimes* ſe ſervoient du maſque ; mais dans les auteurs anciens ni dans les auteurs modernes qui ont traité de cette matière, il n'en eſt aucun qui me convainque que ces figures coloſſales aient été enfantées pour la Danſe.

Enfin, Monſieur, la Comédie Françoiſe a ſecoué cet uſage, non par frivolité, mais par raiſon. On a ſenti que ces ombres inanimées & imparfaites de la belle nature, s'oppoſoient à la vérité & à la perfection du comédien.

L'Opéra, qui, de tous les ſpectacles, eſt celui qui ſe rapproche le plus de celui des Grecs, n'a adopté les maſques que pour la Danſe ſeulement, preuve convaincante que l'on n'a jamais ſoupçonné cet art de pouvoir parler. Si l'on s'étoit imaginé qu'il pût imiter, on ſe ſeroit bien

N

gardé de lui mettre un masque, & de le priver des secours les plus utiles au langage sans parole & à l'expression vive & animée des mouvemens de l'ame désignés par les signes extérieurs.

Que l'on continue à danser comme on danse ; que les Ballets ne soient en usage à l'Opéra que pour donner le temps aux acteurs essoufflés de reprendre leur respiration ; qu'ils n'intéressent pas davantage que les entr'actes monotones de la comédie, & l'on pourra sans danger conserver l'usage de ces visages mornes auxquels on ne peut préférer une physionomie morte & inanimée. Mais si l'art se perfectionne, si les Danseurs s'attachent à peindre & à imiter, il faut alors quitter la gêne, abandonner les masques & en briser les moules. La nature ne peut s'associer à l'art grossier : ce qui l'éclipse & ce qui la dégrade doit être proscrit par l'Artiste éclairé.

Il est aussi difficile, Monsieur, de démêler l'origine des masques, que de se former une idée juste des spectacles & de la Danse des anciens. Cet art, ainsi que quantité de choses précieuses, a été, pour ainsi dire, enterré dans les ruines de l'antiquité. Il ne nous reste de tant de beautés que de foibles esquisses auxquelles chaque Auteur prête des traits & des couleurs différentes ; chacun d'eux leur donne le caractère qui flatte son goût & son génie. Les contradictions continuelles qui règnent dans ces ouvrages, loin de nous éclairer, nous replongent dans notre première obscurité. L'antiquité, à certains égards, est un chaos qu'il nous est impossible de débrouiller ; c'est un monde dont l'immensité nous est inconnue ; chacun prétend y voyager sans s'égarer & sans se perdre. Cette multitude de choses qui se présentent à nous dans l'éloignement le plus reculé, est l'image d'une perspective trop étendue : l'œil s'y perd & ne distingue qu'imparfaitement ; mais l'imagination vient au secours & supplée à la distance & à la foiblesse des regards ; l'enthousiasme rapproche les objets, il en crée de nouveaux, il s'en fait des monstres ; tout lui paroît grand, tout lui femble gigantefque. L'on pourroit appliquer ici ces vers de *Moliere* dans les *Femmes favantes* :

..... J'ai vu clairement des hommes dans la lune.

. . . . . . . . . . . . . . .

Je n'ai point encor vu d'hommes comme je crois ;
Mais j'ai vu des clochers tout comme je vous vois.

Telle eft la viciffitude des chofes & leur inftabilité. Les arts ainfi que les empires font fujets à révolution : ce qui brille aujourd'hui avec le plus d'éclat, dégénère enfuite, & tombe au bout de quelque temps dans une langueur & une obfcurité profonde. Quoi qu'il en foit, (& les fentimens à cet égard font uniformes) les anciens parloient avec les mains : le climat, le tempérament & l'application que l'on apportoit à perfectionner l'art du gefte, l'avoient porté à un degré de fublimité que nous n'atteindrons jamais, fi nous ne nous donnons les mêmes foins qu'eux pour nous diftinguer dans cette partie. La difpute de *Cicéron* & de *Rofcius* à qui rendroit mieux la penfée, *Cicéron* par

le tour & l'arrangement des mots, & *Roscius*
par le mouvement des bras & l'expression
de la physionomie, prouve très-clairement
que nous ne sommes à cet égard que des enfans, que nous n'avons que des mouvemens
machinaux & indéterminés, sans signification , sans caractère & sans vie.

Les anciens avoient des bras, & nous
avons des jambes : réunissons, Monsieur,
à la beauté de notre exécution, l'expression
vive & animée des *pantomimes* ; détruisons
les masques, ayons une ame, & nous serons
les premiers Danseurs de l'univers.

Je suis, &c.

## LETTRE X.

J'AI dit, Monfieur, que la Danfe étoit trop compofée, & le mouvement fymétrique des bras trop uniforme, pour que les tableaux puffent avoir de la variété, de l'expreffion & du naturel : il faudroit donc, fi nous voulons rapprocher notre art de la vérité, donner moins d'attention aux jambes & plus de foins aux bras; abandonner les cabrioles pour l'intérêt des geftes; faire moins de pas difficiles & jouer davantage de la phyfionomie; ne pas mettre tant de force dans l'exécution, mais y mêler plus d'efprit; s'écarter avec grace des règles étroites de l'école, pour fuivre les impreffions de la nature & donner à la Danfe l'ame & l'action qu'elle doit avoir pour intéreffer. Je n'entends point au refte par le mot d'*action*, celle qui ne confifte qu'à fe remuer, à fe donner de la peine, à faire des efforts & à fe tourmenter comme un forcené, pour sauter, ou pour montrer une ame que l'on n'a pas.

*L'action* en matière de Danse est l'art de faire passer par l'expression vraie de nos mouvemens, de nos gestes & de la physionomie, nos sentimens & nos passions dans l'ame des spectateurs. *L'action* n'est donc autre chose que la *pantomime*. Tout doit peindre, tout doit parler chez le Danseur ; chaque geste, chaque attitude, chaque port de bras doit avoir une expression différente. La vraie *pantomime* suit la nature dans toutes ses nuances : s'en écarte-t-elle un instant, elle fatigue, elle révolte. Que les Danseurs qui commencent ne confondent pas cette *pantomime* noble dont je parle, avec cette expression basse & triviale que les bouffons d'Italie ont apportée en France, & que le mauvais goût semble avoir adoptée.

Je crois, Monsieur, que l'art du geste est resserré dans des bornes trop étroites pour produire de grands effets. La seule action du bras droit que l'on porte en avant pour décrire un quart de cercle, pendant que le bras gauche, qui étoit dans cette position, rétrograde par la même route pour s'étendre de nouveau & former l'opposition avec la jambe, n'est pas suffisante pour exprimer des passions : tant qu'on ne variera pas davantage les mouvemens des bras, ils n'auront jamais la force d'émouvoir & d'affecter. Les anciens étoient nos maîtres à cet égard, ils connoissoient mieux que nous l'art du geste ; & c'est dans cette partie seule de la Danse qu'ils l'emportoient sur les modernes. Je leur accorde avec plaisir ce qui nous manque, & ce que nous posséderons lorsqu'il plaira aux Danseurs de secouer des règles qui s'opposent à la beauté & à l'esprit de leur art.

Le port des bras devant être aussi varié que les différens sentimens que la Danse peut exprimer, les règles reçues deviennent presque inutiles ; il faudroit les enfreindre & s'en écarter à chaque instant, ou s'opposer, en les suivant exactement, aux mouvemens de l'ame, qui ne peuvent se limiter par un nombre déterminé de gestes.

Les passions varient & se divisent à l'infini : il faudroit donc autant de préceptes qu'il y a chez elles de modifications. Où est le maître qui voulût entreprendre un tel ouvrage !

Le geste est un trait qui part de l'ame ; il doit faire un prompt effet & toucher au but, lorsqu'il est vrai.

Instruit des principes fondamentaux de notre art, suivons les mouvemens de notre ame, elle ne peut nous trahir lorsqu'elle sent vivement ; & si dans ces instans elle entraîne le bras à tel ou tel geste, il est toujours aussi juste que correctement dessiné, & son effet est sûr. Les passions sont les ressorts qui font jouer la machine : quels que soient les mouvemens qui en résultent, ils ne peuvent manquer d'être expressifs. Il faut conclure d'après cela que les préceptes stériles de l'école doivent disparoître dans la Danse en action, pour faire place au sentiment de la nature.

Rien n'eſt ſi difficile à ménager que ce qu'on appelle bonne grace ; c'eſt au goût à l'employer, & c'eſt un défaut que de courir après elle & d'en répandre également par-tout. Peu de prétention à en montrer, une négligence bien entendue à la dérober quelquefois, ne la rend que plus piquante & lui prête un nouvel attrait. Le goût en eſt le diſtributeur, c'eſt lui qui donne aux graces de la valeur & qui les rend aimables : marchent-elles ſans lui, elles perdent leur nom, leurs charmes & leur effet ; ce n'eſt plus que de la minauderie dont la fadeur devient inſupportable.

Il n'appartient pas à tout le monde d'avoir du goût ; la nature ſeule le donne ; l'éducation le raffine & le perfeƈtionne : toutes les règles que l'on établiroit pour en donner ſeroient inutiles. Il eſt né avec nous, ou il ne l'eſt pas : s'il l'eſt, il ſe manifeſtera de lui-même ; s'il ne l'eſt pas, le Danſeur ſera toujours médiocre.

Il en eſt de même des mouvemens des bras ; la bonne grace eſt à ces derniers, ce que le goût eſt à la bonne grace : on ne peut réuſſir dans l'*action pantomime* , ſans être également ſervi par la nature ; lorſqu'elle nous donne les premières leçons , les progrès ſont toujours rapides.

Concluons que l'action de la Danſe eſt trop reſtreinte ; que l'agrément & l'eſprit ne peuvent ſe communiquer également à tous les êtres ; que le goût & les graces ne ſe donnent point. En vain cherche-t-on à en prêter à ceux qui ne ſont point nés pour en avoir, c'eſt ſemer ſon grain ſur un terrain pierreux : quantité de charlatans en vendent ; une plus grande quantité de dupes en achètent ; mais le profit eſt au vendeur , & la ſottiſe à l'acheteur.

Les Romains avoient cependant des écoles où l'on enſeignoit l'art de la *ſalta-tion* , ou, ſi vous voulez, celui du geſte & de la bonne grace ; mais les maîtres étoient-ils contens de leurs écoliers ? *Roſcius* ne le fut que d'un ſeul , que la nature ſans doute avoit ſervi ; encore y trouvoit - il toujours quelque choſe à reprendre.

Que les Maîtres de Ballets se persuadent que j'entends par gestes les mouvemens expressifs, des bras soutenus par les caractères frappans & variés de la physionomie. Les bras d'un Danseur auront beau parler, si son visage ne joue point, si l'altération que les passions impriment sur les traits, n'est pas sensible, si ses yeux ne déclament point & ne décèlent pas la situation de son cœur, son expression dès-lors est fausse, son jeu est machinal, & l'effet qui en résulte péche par le désagrément & par le défaut de vérité & de vraisemblance.

Je ne puis mieux le comparer qu'à ce que l'on voit dans des bals masqués où il y a des jeux publics, mais principalement à Venise pendant le carnaval. Figurez-vous autour d'une table immense une quantité de joueurs portant tous des masques plus ou moins grotesques, mais en général tous rians. En ne regardant que les physionomies, tous les joueurs ont l'air contens & satisfaits; on diroit que tous gagnent; mais que vos regards se fixent sur leurs bras, leurs attitudes & leurs gestes, vous voyez d'un côté l'attention immobile de l'incertitude, de la crainte ou de l'espérance ; de l'autre, le mouvement impétueux de la fureur & du dépit ; là, une bouche qui sourit & un poing fermé qui menace le ciel ; ici, vous entendez sortir d'une bouche qui semble rire aux éclats, des imprécations terribles : enfin, cette opposition de la figure avec le geste produit un effet étonnant, plus facile à concevoir qu'à décrire. Tel est le Danseur dont la figure ne dit rien, tandis que ses gestes ou ses pas expriment le sentiment vif dont il est agité.

On ne peut se distinguer au théâtre que lorsqu'on est aidé par la nature ; c'étoit le sentiment de *Roscius*. Selon lui, dit *Quintilien*, l'art du *pantomime* consiste dans la bonne grace & dans l'expression naïve des affections de l'ame ; elle est au dessus des règles & ne se peut enseigner ; la nature seule la donne.

Pour hâter les progrès de notre art & le

rapprocher de la vérité, il faut faire un sacrifice de tous les pas trop compliqués ; ce que l'on perdra du côté des jambes, se retrouvera du côté des bras : plus les pas seront simples, & plus il sera facile de leur associer de l'expression & des graces. Le goût fuit toujours les difficultés, il ne se trouve jamais avec elles : que les Artistes les réservent pour l'étude, mais qu'ils apprennent à les bannir de l'exécution; elles ne plaisent point au public, elles ne font même qu'un plaisir médiocre à ceux qui en sentent le prix. Je regarde les difficultés multipliées de la musique & de la Danse comme un jargon qui leur est absolument étranger : leurs voix doivent être touchantes, c'est toujours au cœur qu'elles doivent parler ; le langage qui leur est propre est celui du sentiment ; il séduit universellement, parce qu'il est entendu universellement de toutes les nations.

Tel *violon* est admirable, me dira-t-on ; cela se peut, mais il ne me fait aucun plaisir, il ne me flatte point, & il ne me cause aucune fenfation. C'eft qu'il a un langage, me répondra l'amateur, que vous n'entendez point; c'eft une converfation qui n'eft pas à la portée de tout le monde, continuera-t-il, mais elle eft fublime pour quiconque peut la comprendre & la fentir; & fes fons font autant de fentimens qui féduifent & qui affectent lorfque l'on conçoit fon langage.

Tant pis pour ce grand *violon*, lui dirai-je, fi fon mérite ne fe borne uniquement qu'à plaire au petit nombre. Les arts font de tous les pays; qu'ils empruntent la voix qui leur eft propre, ils n'auront pas befoin d'interprète, & ils affecteront également & le connoiffeur & l'ignorant: leur effet ne fe borne-t-il au contraire qu'à frapper les yeux fans toucher le cœur, fans remuer les paffions, fans ébranler l'ame, ils ceffent dès-lors d'être aimables & de plaire: la voix de la nature & l'expreffion fidelle du fentiment porteront toujours l'émotion dans les ames les moins fenfibles; le plaifir eft un tribut que le cœur ne peut refuſer aux choſes qui le flattent & qui l'intéreſſent.

Un grand *violon* d'Italie arrive - t - il à Paris, tout le monde le court & perſonne ne l'entend ; cependant on crie au miracle. Les oreilles n'ont point été flattées de ſon jeu , ſes ſons n'ont point touché, mais les yeux ſe ſont amuſés ; il a *déman-ché* avec adreſſe, ſes doigts ont parcouru le manche avec légéreté ; que dis-je ? il a été juſqu'au chevalet ; il a accompagné ces difficultés de pluſieurs contorſions qui étoient autant d'invitations , & qui vouloient dire, *Meſſieurs, ragardez-moi, mais ne m'écouiez pas : ce paſſage eſt diabolique ; il ne flattera pas votre oreille , quoiqu'il faſſe grand bruit ; mais il y a vingt ans que je l'étu-die.* L'applaudiſſement part : les bras & les doigts méritent des éloges ; & on accorde à l'homme-machine & ſans tête, ce que l'on refuſera conſtamment de donner à un *violon* François qui réunira au brillant de la main, l'expreſſion , l'eſprit, le génie & les graces de ſon art.

Les

Les Danseurs Italiens ont pris depuis quelque temps le contre - pied des Musiciens. Ne pouvant occuper agréablement la vue, & n'ayant pu hériter de la gentillesse de *Fossan*, ils font beaucoup de bruit avec les pieds en marquant toutes les notes ; de sorte qu'on voit jouer avec admiration les *violons* de cette nation, & qu'on écoute danser avec plaisir leurs *pantomimes*. Ce n'est point là le but que les beaux arts se proposent ; ils doivent peindre, ils doivent imiter, mais avec des moyens naturels, simples, ingénieux. Le goût n'est pas dans les difficultés ; il tient de la nature ses agrémens.

Tant que l'on sacrifiera le goût aux difficultés, que l'on ne raisonnera pas, que l'on fera consister la Danse en tours de force, en voltige, l'on fera un métier vil d'un art agréable : la Danse, loin de faire des progrès, dégénérera & rentrera dans l'obscurité, & j'ose dire dans le mépris où elle étoit il n'y a pas un siècle.

Ce ne seroit pas m'entendre que de

penſer que je cherche à abolir les mouvemens ordinaires des bras, tous les pas difficiles & brillans, & toutes les poſitions
élégantes de la Danſe; je demande plus
de variété & d'expreſſion dans les bras; je
voudrois les voir parler avec plus d'énergie: ils peignent le ſentiment & la volupté,
mais ce n'eſt pas aſſez; il faut encore qu'ils
peignent la fureur, la jalouſie, le dépit,
l'inconſtance, la douleur, la vengeance,
l'ironie, toutes les paſſions de l'homme, &
que, d'accord avec les yeux, la phyſionomie & les geſtes, ils me faſſent entendre
le ſentiment de la nature. Je veux encore
que les pas ſoient placés avec autant d'eſprit que d'art, & qu'ils répondent à l'action & aux mouvemens de l'ame du Danſeur; j'exige que dans une expreſſion vive
on ne forme point de pas lents; que dans
une ſcène grave on n'en faſſe point de
légers; que dans des mouvemens de dépit
on ſache éviter tous ceux qui, ayant de la
légéreté, trouveroient place dans un moment d'inconſtance; je voudrois enfin que

l'on ceſſât, pour ainſi dire, d'en faire dans les inſtans de déſeſpoir & d'accablement : c'eſt au viſage ſeul à peindre ; c'eſt aux yeux à parler : les bras mêmes doivent être immobiles ; & le Danſeur, dans ces ſortes de ſcènes, ne ſera jamais auſſi excellent que lorſqu'il ne danſera pas , ou que ſa danſe n'aura pas l'air d'en être une. C'eſt là où l'art & l'imagination du Maître de Ballets doivent agir. Toutes mes vues , toutes mes idées ne tendent uniquement qu'au bien & à l'avancement des jeunes Danſeurs & des Maîtres de Ballets : qu'ils pèſent mes idées, qu'ils ſe faſſent un genre neuf ; ils verront alors que tout ce que j'avance peut ſe mettre en pratique & réunir tous les ſuffrages.

Quant aux poſitions , tout le monde ſait qu'il y en a cinq ; on prétend même qu'il y en a dix , diviſées aſſez ſingulièrement en bonnes ou en mauvaiſes , en fauſſes ou en vraies. Le compte n'y fait rien , & je ne le conteſterai point ; je dirai ſimplement que ces poſitions ſont bonnes à favoir, & meilleures encore à oublier, & qu'il eft de l'art du grand Danfeur de s'en écarter agréablement. Au refte, toutes celles où le corps eft ferme & bien deffiné font excellentes ; je n'en connois de mauvaifes que lorfque le corps eft mal *groupé*, qu'il chancèle, & que les jambes ne peuvent le foutenir. Ceux qui font attachés à l'alphabet de leur profeffion, me traiteront d'innovateur & de fanatique ; mais je les renverrai à l'école de peinture & de fculpture, & je leur demanderai enfuite s'ils approuvent ou s'ils condamnent la pofition du beau Gladiateur & celle de l'Hercule ? Les défapprouvent-ils ? j'ai gain de caufe, ce font des aveugles : les approuvent-ils ? ils ont perdu, puifque je leur prouverai que les pofitions de ces deux ftatues, chefs - d'œuvre de l'antiquité, ne font pas des pofitions adoptées dans les principes de la Danfe.

La plus grande partie de ceux qui fe livrent au théâtre, croient qu'il ne faut avoir que des jambes pour être Danfeur, de la mémoire pour être comédien , & de la voix pour être chanteur. En partant d’un principe auſſi faux, les uns ne s’appliquent qu’à remuer les jambes , les autres qu’à faire des efforts de mémoire, & les derniers qu’à pouſſer des cris ou des ſons ; ils s’étonnent, après pluſieurs années d’un travail pénible , d’être jugé déteſtables ; mais il n’eſt pas poſſible de réuſſir dans un art ſans en étudier les principes , ſans en connoître l’eſprit & ſans en ſentir les effets. Un bon Ingénieur ne s’emparera pas des ouvrages les plus foibles d’une place , s’ils ſont commandés par des hauteurs capables de les défendre & de l’en déloger. L’unique moyen d’aſſurer ſa conquête , eſt de ſe rendre maître des principaux ouvrages & de les emporter ; parce que ceux qui leur ſont inférieurs ne feront plus alors qu’une foible réſiſtance , ou ſe rendront d’eux-mêmes. Il en eſt des arts comme des places , & des Artiſtes comme des Ingénieurs; il ne s’agit pas d’effleurer , il faut approfondir ; ce n’eſt pas aſſez que de connoître les difficultés, il faut les combattre & les vaincre. Ne s'attache - t - on qu'aux petites parties, ne saisit-on que la superficie des choses ? on languit dans la médiocrité & dans l'obscurité.

Je ferai d'un homme ordinaire un Danseur comme il y en a mille, pourvu qu'il soit passablement bien fait; je lui enseignerai à remuer les bras & les jambes, & à tourner la tête; je lui donnerai de la fermeté, du brillant & de la vitesse; mais je ne pourrai le douer de ce feu, de cet esprit, de ces graces & de cette expression de sentiment qui est l'ame de la vraie *pantomime* : la nature fut toujours au dessus de l'art; il n'appartient qu'à elle de faire des miracles.

Le défaut de lumières & de goût qui règne parmi la plupart des Danseurs, prend sa source de la mauvaise éducation qu'ils reçoivent ordinairement. Ils se livrent au théâtre, moins pour s'y distinguer que pour secouer le joug de la dépendance; moins pour se dérober à une profession plus tranquille, que pour jouir des plaisirs qu'ils croient rencontrer à chaque instant dans celle qu'ils embrassent : ils ne voient, dans ce premier moment d'enthousiasme , que les roses du talent qu'ils veulent acqué- rir. Ils apprennent la Danse avec fureur ; leur goût se ralentit à mesure que les diffi- cultés se font sentir & qu'elles se multi- plient ; ils ne saisissent que la partie gros- sière de l'art ; ils sautent plus ou moins haut ; ils s'attachent à former machinale- ment une multitude de pas ; & , semblables à ces enfans qui disent beaucoup de mots sans idées & sans suite, ils font beaucoup de pas sans motifs, sans goût & sans graces.

Ce mélange innombrable de pas en- chaînés plus ou moins mal , cette exécu- tion difficile, ces mouvemens compliqués, ôtent, pour ainsi dire, la parole à la Danse. Plus de simplicité, plus de douceur & de moëlleux dans les mouvemens procureroit au Danseur la facilité de peindre & d'ex- primer. Il pourroit se partager entre le mécanisme des pas & les mouvemens qui sont propres à rendre les passions : la Danse alors délivrée des petites chofes, pourroit fe livrer aux plus grandes. Il eft conftant que l'effoufflement qui réfulte d'un travail fi pénible, ôte les moyens au Danfeur; que les entrechats & les cabrioles altèrent le caractère de la belle Danfe; & qu'il eft moralement impoffible de mettre de l'ame, de la vérité & de l'expreffion dans les mouvemens, lorfque le corps eft fans ceffe ébranlé par des fecouffes violentes & réitérées, & que l'efprit n'eft exactement occupé qu'à le préferver des accidens des chutes qui le menacent à chaque inftant.

On ne doit pas s'étonner de trouver plus d'intelligence & de facilité à rendre le fentiment parmi les comédiens que parmi les Danfeurs. La plupart des premiers reçoivent communément plus d'éducation que les derniers. Leur état d'ailleurs les porte à un genre d'étude propre à donner, avec l'ufage du monde & le ton de la bonne compagnie, l'envie de s'inftruire & d'étendre leurs connoiffances au-delà des bornes du théâtre; ils s'attachent à la littérature; ils connoiffent les Poètes, les Hiftoriens ; & plufieurs d'entre eux ont prouvé par leurs ouvrages qu'ils joignoient au talent de bien dire, celui de compofer agréablement. Si toutes ces connoiffances ne font pas exactement analogues à leur profeffion, elles ne laiffent pas de contribuer à la perfection à laquelle ils parviennent. De deux acteurs également fervis par la nature, celui qui fera le plus éclairé fera, fans contredit, celui qui mettra le plus d'efprit & de légéreté dans fon jeu.

Les Danfeurs devroient s'attacher, ainfi que les comédiens, à peindre & à fentir, puifqu'ils ont le même objet à remplir. S'ils ne font vivement affectés de leurs rôles, s'ils n'en faififfent le caractère avec vérité, ils ne peuvent fe flatter de réuffir & de plaire ; ils doivent également enchaîner le public par la force de l'illufion, & lui faire éprouver tous les mouvemens dont ils font animés. Cette vérité, cet enthoufiafme qui caractérife le grand acteur & qui eft l'ame des beaux arts, eft, fi j'ofe m'exprimer ainfi,

l'image du coup électrique ; c'est un feu qui
se communique avec rapidité, qui embrase
dans un instant l'imagination des spectateurs,
qui ébranle leur ame & qui ouvre leur cœur
à la sensibilité.

Le cri de la nature, ou les mouvemens
vrais de l'action *pantomime* doivent également
ment toucher : le premier attaque le cœur
par l'ouie, le dernier par la vue ; ils feront
l'un & l'autre une impression aussi forte, si
cependant les images de la *pantomime* sont
aussi vives, aussi frappantes & aussi animées
que celles du discours.

Il n'est pas possible d'imprimer cet intérêt
en récitant machinalement de beaux vers
& en faisant tout simplement de beaux
pas ; il faut que l'ame, la physionomie, le
geste & les attitudes parlent toutes-à-la
fois, & qu'elles parlent avec autant d'énergie que de vérité. Le spectateur se mettra-t-il
à la place de l'acteur, si celui-ci ne se met
à celle du Héros qu'il représente ? Peut-il
espérer d'attendrir & de faire verser des larmes, s'il n'en répand lui-même ? Sa situation

touchera-t-elle, s'il ne la rend touchante, & s'il n'en est vivement affecté?

Vous me direz peut-être que les comédiens ont sur les Danseurs l'avantage de la parole, la force & l'énergie du discours. Mais ces derniers n'ont-ils pas les gestes, les attitudes, les pas & la musique, que l'on doit regarder comme l'organe & l'interprète des mouvemens successifs du Danseur ?

Pour que notre art parvienne à ce degré de sublimité, que je demande & que je lui souhaite, il est indispensablement nécessaire que les Danseurs partagent leur temps & leurs études entre l'esprit & le corps, & que tous les deux soient ensemble l'objet de leur application; mais on donne malheureusement tout au dernier, & l'on refuse tout à l'autre. La tête conduit rarement les jambes; & comme l'esprit & le goût ne résident pas dans les pieds, on s'égare souvent; l'homme intelligent disparoît; il n'en reste qu'une machine mal combinée, livrée à la stérile admiration des sots & au juste mépris des connoisseurs.

Etudions donc, Monfieur ; ceffons de reffembler à ces marionnettes , dont les mouvemens dirigés par des fils groffiers n'amufent & ne font illufion qu'au peuple. Si notre ame détermine le jeu & l'action de nos refforts, dès-lors les pieds , les jambes, le corps , la phyfionomie & les yeux feront mus dans des fens juftes , & les effets réfultans de cette harmonie & de cette intelligence , intérefferont également le cœur & l'efprit.

Je fuis , &c.

# LETTRE XI.

IL eſt rare, Monſieur, pour ne pas dire impoſſible, de trouver des hommes exactement bien faits ; & par cette raiſon, il eſt très commun de rencontrer une foule de Danſeurs conſtruits déſagréablement, & dans leſquels on n'apperçoit que trop ſouvent des défauts de conformation que toutes les reſſources de l'art ont peine à déguiſer. Seroit-ce par une fatalité attachée à la nature humaine, que nous nous éloignons toujours de ce qui nous convient, & que nous nous propoſons ſi communément de courir une carrière dans laquelle nous ne pouvons ni marcher ni nous ſoutenir ? C'eſt cet aveuglement, c'eſt cette ignorance dans laquelle nous ſommes de nous-mêmes, qui produit la foule immenſe de mauvais Poëtes, de Peintres médiocres, de plats Comédiens, de Muſiciens bruyans, de Danſeurs ou de baladins déteſtables,

que fais-je, Monſieur, d'hommes inſupporta-
bles dans tous les genres. Ces mêmes hommes placés où ils devroient être, auroient
été utiles ; mais, hors du lieu & du rang qui
leur étoient aſſignés, leur véritable talent
eſt enfoui, & celui d'être à l'envi plus ridicules les uns que les autres lui eſt ſubſtitué.

La première conſidération à faire lorſqu'on ſe deſtine à la danſe, dans un âge du
moins où l'on eſt capable de réfléchir, eſt
celle de ſa conſtruction. Ou les vices naturels qu'on obſerve en ſoi ſont tels que
rien ne peut y remédier ; en ce cas, il faut
perdre ſur le champ & totalement de vue
l'idée que l'on s'étoit formée de l'avantage de concourir aux plaiſirs des autres ; ou ces vices peuvent être réformés
par une application, par une étude conſ-
tantes, & par les conſeils & les avis d'un
maître inſtruit & éclairé ; & dès-lors
il importe eſſentiellement de ne négliger
aucuns des efforts qui peuvent remédier à
des perfections dont on triomphera, ſi
l'on prévient le temps où les parties ont

acquis leur dernier degré de force & de confiſtance, où la nature a pris ſon pli, & où le défaut à vaincre s'eſt fortifié par une habitude trop longue & trop invétérèe pour pouvoir être détruit.

Malheureuſement il eſt peu de Danſeurs capables de ce retour ſur eux-mêmes. Les uns, aveuglés par l'amour-propre, imaginent être ſans défauts ; les autres ferment, pour ainſi dire, les yeux ſur ceux que l'examen le plus léger leur feroit découvrir : or, dès qu'ils ignorent ce que tout homme qui a quelques lumières eſt en droit de leur reprocher, il n'eſt pas étonnant qu'ils manquent leur but. L'arrangement diſproportionné des parties s'oppoſe ſans ceſſe en eux au jeu des reſſorts, & à l'harmonie qui devroit former un *enſemble* : plus de liaiſon dans les pas ; plus de moëlleux dans les mouvemens ; plus d'élégance dans les attitudes & dans les oppoſitions ; plus de proportions dans les *déploiemens*, & par conſéquent plus de fermeté ni d'*à-plomb*. Voilà, Monſieur, où ſe réduit l'exécution des Danſeurs qui s'aveuglent ſur leur conformation, & qui craignent de s'en-viſager eux-mêmes dans le moment de leur étude & de leurs exercices. Nous pouvons ſans les offenſer, & en leur rendant la juſtice qui leur eſt due, les nommer mauvais Danſeurs.

Vraiſemblablement ſi les bons maîtres étoient plus communs, les élèves ne ſeroient pas ſi rares; mais les maîtres qui ſont en état d'enſeigner ne donnent point de leçons, & ceux qui en devroient prendre ont toujours la fureur d'en donner aux autres. Que dirons-nous de leur négligence & de l'uniformité avec laquelle ils enſeignent? La vérité n'eſt qu'une, s'écriera-t-on. J'en conviens; mais n'eſt-il qu'une manière de la démontrer & de la faire paſſer aux écoliers auxquels on s'attache, & ne doit-on pas néceſſairement les conduire au même but par des chemins différens? J'avoue que pour y parvenir il faut une ſagacité réelle; car, ſans réflexion & ſans étude, il n'eſt pas poſſible d'appliquer les
principes

principes felon les genres divers de conformation, & les degrés différens d'aptitude : on ne peut faifir d'un coup-d'œil ce
qui convient à l'un, ce qui ne fauroit convenir à l'autre, & l'on ne varie point enfin fes leçons à proportion des diverfités
que la nature ou que l'habitude, fouvent
plus rebelle que la nature même, nous
offre & nous préfente.

C'eft donc effentiellement au maître que
le foin de placer chaque élève dans le
genre qui lui eft propre eft réfervé. Il ne
s'agit pas à cet effet de poff400der feulement
les connoiffances les plus exactes de l'art ;
il faut encore fe défendre foigneufement
de ce vain orgueil qui perfuade à chacun
que fa manière d'exécuter eft l'unique &
la feule qui puiffe plaire ; car un maître
qui fe propofe toujours comme un modèle
de perfection, & qui ne s'attache à faire
de fes écoliers qu'une copie dont il eft le
bon ou le mauvais original, ne réuffira à
en former de paffables que lorfqu'il en
rencontrera qui feront doués des mêmes

P

dispositions que lui, & qui auront la même taille, la même conformation & la même intelligence, enfin la même aptitude.

Parmi les défauts de construction, j'en remarque communément deux principaux ; l'un est d'être *jarreté*, & l'autre d'être *arqué*. Ces deux vices de conformation sont presque généraux, & ne diffèrent que du plus au moins : aussi voyons-nous très-peu de Danseurs qui en soient exempts.

Nous disons qu'un homme est *jarreté*, lorsque ses hanches sont étroites & en dedans, ses cuisses rapprochées l'une de l'autre, ses genoux gros & si serrés qu'ils se touchent & se collent étroitement, quoique ses pieds soient distans l'un de l'autre, ce qui forme à peu près la figure d'un triangle depuis les genoux jusqu'aux pieds ; j'observe encore un volume énorme dans la partie intérieure de ses chevilles, une forte élévation dans le coude - pied, & le *tendon d'Achille* est non-seulement en lui grêle & mince, mais il est fort éloigné de l'articulation.

Le Danseur *arqué* eſt celui en qui on remarque le défaut contraire. Ce défaut règne également depuis la hanche juſqu'aux pieds ; car ces parties décrivent une ligne qui donne en quelque ſorte la figure d'un arc : en effet, les hanches ſont évaſées, & les cuiſſes & les génoux ſont ouverts, de manière que le jour qui doit ſe rencontrer naturellement entre quelques-unes de ces portions des extrémités inférieures lorſqu'elles ſont jointes, perce dans la totalité & paroît beaucoup plus conſidérable qu'il ne devroit l'être. Les perſonnes ainſi conſtruites ont d'ailleurs le pied long & plat, la cheville extérieure ſaillante, & le *tendon d'Achille* gros & rapproché de l'articulation. Ces deux défauts, diamétralement oppoſés l'un à l'autre, prouvent avec plus de force que tous les diſcours, que les leçons qui conviennent au premier ſeroient nuiſibles au ſecond, & que l'étude de deux Danſeurs auſſi différens par la taille & par la forme, ne peut être la même. Celui qui eſt *jarreté* doit s'appliquer continuellement à éloigner les parties trop refferrées : le premier moyen pour y réuffir eft de tourner les cuiffes en dehors, & de les mouvoir dans ce fens, en profitant de la liberté du mouvement de rotation du *fémur* dans la *cavité cotyloïde* des os des hanches. Aidés par cet exercice, les genoux fuivront la même direction & rentreront, pour ainfi dire, dans leur place. La *rotule*, qui femble deftinée à limiter le *rejet* du genou trop en arrière de l'articulation, tombera perpendiculairement fur la pointe du pied ; & la cuiffe & la jambe ne fortant plus de la ligne, en décriront alors une droite qui affurera la fermeté & la ftabilité du tronc.

Le fecond remède à employer eft de conferver une flexion continuelle dans l'articulation des genoux, & de paroître extrêmement tendu fans l'être en effet : c'eft là, Monfieur, l'ouvrage du temps & de l'habitude ; lorfqu'elle eft fortement contractée, il eft comme impoffible de reprendre fa pofition naturelle & vicieufe fans des efforts qui caufent dans ces parties un engourdiffement & une douleur infupportable. J'ai connu des Danfeurs qui ont trouvé l'art de dérober ce défaut à tel point qu'on ne s'en feroit jamais apperçu, fi l'entrechat droit & les temps trop forts ne les avoient décelés. En voici la raifon : la contraction des mufcles dans les efforts du faut roidit les articulations & force chaque partie à rentrer dans fa place & à revenir à fa forme naturelle : les genoux ainfi forcés fe portent donc en dedans, ils reprennent leur volume ; ce volume met un obftacle aux battemens de l'entrechat : plus ces parties fe joignent, plus celles qui leur font inférieures s'éloignent; les jambes ne pouvant ni *battre* ni *croifer*, reftent comme immobiles au moment de l'action des genoux qui roulent défagréablement l'un fur l'autre, & l'entrechat n'étant ni *coupé*, ni *battu*, ni *croifé* par le bas, ne fauroit avoir la viteffe & le brillant qui en font le mérite. Rien n'eft fi difficile à mon fens que de mafquer les défauts, fur-

toutdans les inftans d'une exécution forte, où
toute la machine eft ébranlée, où elle reçoit
des fecouffes violentes & réitérées, & où elle
fe livre à des mouvemens contraires & à des
efforts continuels & variés. Si l'art peut
alors l'emporter fur la nature, de quels
éloges le Danfeur ne fe rend-il pas digne ?

Celui qui fera ainfi conftruit renoncera
aux entrechats, aux cabrioles & à tous
temps durs & compliqués, avec d'autant
plus de raifon qu'il fera infailliblement foible ; car fes hanches étant étroites, ou,
pour parler le langage des Anatomiftes, les
*os du baffin* étant en lui moins évafés, ils
fourniffent moins de jeu aux mufcles qui
s'y attachent & dont dépendent en partie
les mouvemens du tronc ; mouvemens &
inflexions beaucoup plus aifés, lorfque
ces mêmes os ont beaucoup plus de lar-
geur, parce qu'alors les mufcles aboutiffent
ou partent d'un point plus éloigné du centre de gravité. Quoi qu'il en foit, la Danfe
noble & *terre - à - terre* eft la feule qui
convienne à de pareilles Danfeurs. Au

reste, Monsieur, ce que les Danseurs *jar-retés* perdent du côté de la force, ils semblent le regagner du côté de l'adresse. J'ai remarqué qu'ils étoient moëlleux, brillans dans les choses les plus simples, aisés dans les difficultés qui ne demandent point d'efforts propres dans leur exécution, & que leur *percussion* est toujours opérée avec grace, parce qu'ils se servent & qu'ils profitent & des pointes & des ressorts qui font mouvoir le coude-pied : voilà des qualités qui les dédommagent de la force qu'ils n'ont pas ; &, en matière de Danse, je préférerai toujours l'adresse à la force.

Ceux qui sont *arqués* ne doivent s'attacher qu'à rapprocher les parties trop distantes, pour diminuer le vide qui se rencontre principalement entre les genoux : ils n'ont pas moins besoin que les autres de l'exercice qui meut les cuisses en dehors, & il leur est même moins facile de déguiser leurs défauts. Communément ils sont forts & vigoureux ; ils ont par conséquent moins de souplesse dans les muscles, &

leurs articulations jouent avec moins d'aifance. On comprend au furplus que fi ce
vice de conformation provenoit de la difformité des os, tout travail feroit inutile
& les efforts de l'art impuiffans. J'ai dit
que les Danfeurs *jarretés* doivent conferver
une petite flexion dans l'exécution : ceux-
ci, par la raifon contraire, doivent être
exactement tendus, & croifer leurs temps
bien plus étroitement, afin que la réunion des parties puiffe diminuer le jour
ou l'intervalle qui les fépare naturellement.
Ils font nerveux, vifs & brillans dans les
chofes qui tiennent plus de la force que
de l'adreffe, nerveux & légers, attendu
la direction de leurs *faifceaux mufculeux*,
& vu la confiftance & la réfiftance de leurs
*ligamens articulaires* ; vifs, parce qu'ils
*croifent* plus du bas que du haut, & qu'ayant,
par cette raifon, peu de chemin à faire
pour *battre* les temps, ils les *paffent* avec
plus de viteffe ; brillans, parce que le jour
perce entre les parties qui fe *croifent* &
fe *décroifent*. Ce jour eft exactement, Mon-

fieur, le *clair-obfcur* de la Danfe ; car fi les temps de l'entrechat ne font ni *coupés* ni *battus* , & qu'ils foient au contraire *frottés* & *roulés* l'un fur l'autre, il n'y aura point de clair qui faffe valoir les ombres , & les jambes trop réunies n'offriront qu'une *maff* indiftinƈte & fans effet (1); ils ont peu d'adreffe , parce qu'ils comptent trop fur leurs forces , & que cette même force s'op-pofe en eux à la foupleffe & à l'aifance. Leur vigueur les abandonne-t-elle un inf-tant , ils font gauches ; ils ignorent l'art de dérober leurs fituations par des temps fimples qui, n'exigeant aucune force, don-nent toujours le temps d'en reprendre de nouvelles; ils ont de plus très-peu d'élafti-cité & *percutent* rarement de la pointe.

Je crois en découvrir la véritable raifon

_______

(1) Les obfervations de ce genre ne peuvent être faites que par des Artiftes qui cherchent à découvrir la caufe de chaque effet dans leur art. Jouir fans remonter aux caufes de fes jouiffances , c'en eft affez pour la plupart des hommes ; mais analyfer les jouiffances , eft le fait de l'Artifte obfervateur ; & cette analyfe contribue à l'ac-croiffement de fon art.

lorfque je confidère la forme longue & plate de leurs pieds. Je compare cette partie à un *levier* de la feconde efpèce, c'eft-à-dire, à un *levier* dans lequel le poids eft entre l'*appui* & la *puiffance*, tandis que l'*appui* & la *puiffance* font à fes extrémités. Ici le point fixe ou l'*appui* fe trouve à l'extrémité du pied, la réfiftance ou le poids du corps porte fur le coude pied, & la puiffance qui élève & foutient ce poids, eft appliquée au talon par le moyen du *tendon d'Achille :* or, comme le *levier* eft plus grand dans un pied long & plat, le poids du corps eft plus éloigné du *point d'appui* & plus près de la puiffance : donc la pefanteur du corps doit augmenter, & la force du *tendon d'Achille* diminuer en proportion égale. Je dis donc que cete pefanteur n'étant pas dans une proportion auffi exacte dans les Danfeurs *arqués*, qu'elle l'eft dans les Danfeurs *jarretés* qui ont extraordinairement le coude - pied élevé & fort, ces premiers ont néceffairement moins de facilité à fe hauffer fur l'extrémité des pointes.

J'ai obfervé encore, Monfieur, que les défauts qui fe rencontrent depuis les hanches jufqu'aux pieds, fe font fentir depuis l'épaule jufqu'à la main : le plus fouvent l'épaule fuit la conformation des hanches ; le coude, celle du genou ; le poignet, celle du pied. Une légère attention vous convaincra de cette vérité, & vous verrez qu'en général les défauts de conformation provenans de l'arrangement vicieux de quelques articulations, s'étendent à toutes. Ce principe pofé, l'Artifte doit fuggérer, relativement aux bras, des mouvemens différens à fes élèves. Cette attention eft très-importante à faire ; les bras courts n'exigent que des mouvemens proportionnés à leur longueur ; les bras longs ne peuvent perdre de leur étendue que par les *rondeurs* qu'on leur donne. L'art confifte à tirer parti de ces imperfections, & je connois des Danfeurs qui, par le moyen des *effacemens* du corps, dérobent habilement la longueur de leurs bras ; ils en font *fuir* une partie dans l'ombre.

J'ai dit que les Danseurs *jarretés* étoient foibles, ils sont minces & déliés ; les Danseurs *arqués*, plus vigoureux, sont gros & nerveux. On pense assez communément qu'un homme gros & trapu doit être lourd : ce principe est vrai quant au poids réel du corps, mais il est faux en ce qui concerne la Danse ; car la légéreté ne naît que de la force des muscles. Tout homme qui n'en sera aidé que foiblement, *tombera* toujours avec pesanteur. La raison en est simple : les parties foibles ne pouvant résister dans l'instant de la chute aux plus fortes, c'est-à-dire au poids du corps, qui acquiert, à proportion de la hauteur dont il tombe, un nouveau degré de pesanteur, cèdent & fléchissent ; & c'est dans ce moment de relâchement & de flexion que le bruit de la chute se fait entendre, bruit qui diminue considérablement, & qui peut même être insensible quand le corps peut se maintenir dans une ligne exactement perpendiculaire, & lorsque les muscles & les ressorts ont la force de s'opposer à la force même, & de résister avec vigueur au choc qui pourroit les faire succomber.

La nature n'a pas exempté le beau sexe des imperfections dont je vous ai parlé ; mais l'artifice & la mode des jupes sont heureusement venus au secours de nos Danseuses. Le panier cache une multitude de défauts , & l'œil curieux des critiques ne monte pas assez haut pour décider. La plupart d'entre elles dansent les genoux ouverts comme si elles étoient naturellement *arquées*. Grace à cette mauvaise habitude & aux jupes, elles paroissent plus brillantes que les hommes , parce que , comme je l'ai dit , ne *battant* que du bas de la jambe , elles *passent* leurs temps avec plus de vitesse que nous, qui ne dérobant rien au spectateur, sommes obligés de les *battre* tendus & de les faire partir primordialement de la hanche ; & vous comprenez qu'il faut plus de temps pour remuer un tout qu'une partie. Quant au brillant qu'elles ont , la vivacité y contribue, mais cependant bien moins que les jupes, qui , en dérobant la longueur des parties, fixent plus attentivement les regards & les frappent davantage ; tout le feu des *battemens* étant, pour ainſi dire, réuni dans un point, paroît plus vif & plus brillant ; l'œil l'embraſſe tout entier ; il eſt moins partagé & moins diſtrait à proportion du peu d'eſpace qu'il a à parcourir.

D'ailleurs, Monſieur, une jolie phyſionomie, de beaux yeux, une taille élégante & des bras voluptueux ſont des écueils inévitables contre leſquels la critique va ſe briſer, & des titres puiſſans à l'indulgence du ſpectateur, dont l'imagination ſubſtitue au plaiſir qu'il n'a pas, celui qu'il pourroit avoir hors de la ſcène.

Je ſuis, &c.

# LETTRE XII.

RIEN n'eſt ſi néceſſaire, Monſieur, que le tour de la cuiſſe en dehors, pour bien danſer ; & rien n'eſt ſi naturel aux hommes que la poſition contraire ; nous naiſſons avec elle : il eſt inutile, pour vous convaincre de cette vérité, de vous citer pour exemple les Levantins, les Africains & tous les peuples qui danſent, ou plutôt qui ſautent & qui ſe meuvent ſans principes. Sans aller ſi loin, conſidérez les enfans ; jetez les yeux ſur les habitans de la campagne, & vous verrez que tous ont les pieds en dedans. La ſituation contraire eſt donc de pure convention ; & une preuve non équivoque que ce défaut n'eſt qu'imaginaire, c'eſt qu'un Peintre pécheroit autant contre la nature que contre les règles de ſon art, s'il plaçoit ſon modèle les pieds tournés comme ceux d'un Danſeur. Vous voyez donc, Monſieur, que pour danſer avec élégance , marcher avec grace & fe préfenter avec nobleffe , il faut abfolumenț renverfer l'ordre des chofes & contraindre les parties, par une application auffi longue que pénible, à prendre une toute autre fituation que celle qu'elles ont primordialement reçue.

On ne peut parvenir à opérer ce changement d'une néceffité abfolue dans notre art, qu'en entreprenant de le produire dès le temps de l'enfance ; c'eft le feul moment de réuffir, parce qu'alors toutes les parties font fouples, & qu'elles fe prêtent facilement à la direction qu'on veut leur donner.

Un jardinier habile ne s'aviferoit fûrement pas de mettre un vieux arbre de *plein-vent* en efpalier ; fes branches trop dures n'obéiroient pas, & fe briferoient plutòt que de céder à la contrainte qu'on voudroit leur impofer. Qu'il prenne un jeune arbriffeau, il parviendra facilement à lui donner telle forme qu'il voudra ; fes branches tendres fe plieront & fe placeront à fon gré : le temps, en fortifiant fes

rameaux,

rameaux, fortifiera la pente que la main du maître aura dirigée , & chacun d'eux s'affujettira pour toujours à l'impreffion & à la direction que l'art lui aura prefcrites.

Vous voyez, Monfieur, que voilà la nature changée ; mais cette opération une fois faite , il n'eft plus permis à l'art de faire un fecond miracle , en rendant à l'arbre fa première forme. La nature , dans certaines parties , ne fe prète à des changemens qu'autant qu'elle eft foible encore. Le temps lui a-t-il donné des forces ? elle réfifte , elle eft indomptable.

Concluons de - là que les parens font, ou du moins devroient être les premiers maîtres de leurs enfans. Combien de défectuofités ne rencontrons - nous point chez eux , lorfqu'on nous les confie ? C'eft , dira-t-on, la faute des nourrices. Raifons foibles, excufe frivole, qui, loin de juftifier la négligence des pères & des mères , ne fervent qu'à les condamner. En fuppofant que les enfans aient été mal emmaillotés , c'eft un motif de plus pour exciter leur attention , puisqu'il est certain que deux ou trois ans de négligence de la part des nourrices, ne peuvent prévaloir sur huit ou neuf années de soin de la leur.

Mais revenons à la position en dedans. Un Danseur *en dedans* est un Danseur maladroit & désagréable. L'attitude contraire donne de l'aisance & du brillant; elle répand des graces dans les pas , dans les développemens, dans les positions & dans les attitudes.

On réussit difficilement à se mettre *en dehors* , parce qu'on ignore souvent les vrais moyens qu'il faut employer pour y parvenir. La plupart des jeunes gens qui se livrent à la Danse se persuadent qu'ils parviendront à se tourner , en forçant uniquement leurs pieds à se placer *en dehors*. Je sais que cette partie peut se prêter à cette direction par sa souplesse , & la mobilité de son articulation avec la jambe ; mais cette méthode est d'autant plus fausse , qu'elle déplace les chevilles , & qu'elle n'opère rien sur les genoux ni sur les cuisses.

Il est encore impossible de jeter les premières de ces parties *en dehors* sans le secours des secondes. Les genoux en effet n'ont que deux mouvemens, celui de flexion & celui d'extension ; l'un détermine la jambe en arrière, & l'autre la détermine en avant : or ils ne pourroient se porter *en dehors* d'eux-mêmes ; & tout dépend essentiellement de la cuisse, puisque c'est elle qui commande souverainement aux parties qu'elle domine & qui lui sont inférieures. Elle les tourne conséquemment au mouvement de rotation dont elle est douée ; & dans quelque sens qu'elle se meuve, le genou, la jambe & le pied sont forcés à la suivre.

Je ne vous parlerai point d'une machine que l'on nomme *tourne-hanche*, machine mal imaginée & mal combinée, qui, loin d'opérer efficacement, estropie ceux qui s'en servent, en imprimant dans la ceinture un défaut beaucoup plus désagréable que celui qu'on veut détruire.

Les moyens les plus simples & les plus naturels sont toujours ceux que la raison & le bon sens doivent adopter lorsqu'ils sont suffisans. Il ne faut donc, pour se mettre *en dehors*, qu'un exercice modéré, mais continuel. Celui des ronds ou tours de jambes en dedans ou en dehors, & des grands *battemens tendus* partant de la hanche, est l'unique & le seul à préférer. Insensiblement il donne du jeu, du ressort & de la souplesse, au lieu que la boîte ne sollicite qu'à des mouvemens qui se ressentent plutôt de la contrainte que de la liberté qui doit les faire naître.

En gênant les doigts de quiconque joue d'un instrument, parviendra-t-on à lui donner un jeu vif & une cadence brillante? Non, sans doute; ce n'est que l'usage libre de la main & des jointures qui peut lui procurer cette vitesse, ce brillant & cette précision qui font l'ame de l'exécution. Comment donc un Danseur réussira-t-il à avoir toutes ces perfections, s'il passe la moitié de sa vie dans des entraves? Oui, Monsieur, l'usage de cette machine est pernicieux. Ce n'est point par la violence que l'on corrige un défaut inné; c'est l'ouvrage du temps, de l'étude & de l'application.

Il eſt encore des perſonnes qui commencent trop tard, & qui prennent la Danſe dans l'âge où l'on doit ſonger à la quitter. Vous comprenez que dans cette circonſtance les machines n'opèrent pas plus efficacement que le travail. J'ai connu des hommes qui ſe donnoient une queſtion d'autant plus douloureuſe, que tout en eux étant formé, ils étoient privés de cette ſoupleſſe qui ſe perd avec la jeuneſſe. Un défaut de trente-cinq ans eſt un vieux défaut; il n'eſt plus temps de le détruire ni de le pallier.

Ceux qui naiſſent de l'habitude ſont en grand nombre. Je vois tous les enfans occupés en quelque ſorte à déranger & à défigurer leur conſtruction. Les uns ſe déplacent les chevilles par l'habitude qu'ils contractent de n'être que ſur une jambe, & de jouer, pour ainſi dire, avec l'autre, en portant continuellement le pied ſur lequel le corps n'eſt point appuyé, dans une poſition déſagréable & forcée, mais qui ne les fatigue point, parce que la foibleſſe de leurs ligamens & de leurs muſ-

cles se prête à toutes sortes de mouvemens ; d'autres fauffent leurs genoux par
les attitudes qu'ils adoptent de préférence
à celles qui leur font naturelles. Celui-
ci, par une suite de l'habitude qu'il prend
de se tenir de travers & d'avancer une
épaule, se déplace une *omoplate* ; celui-là
enfin, répétant à chaque inftant un mouvement & une fituation contrainte, jette
son corps tout d'un côté , & parvient à
avoir une hanche plus grosse que l'autre.

Je ne finirois point , si je vous parlois de
tous les inconvéniens qui prennent leur
source d'un mauvais maintien. Tous ces défauts, mortifians pour ceux qui les ont con-
tractés , ne peuvent s'effacer que dans leur
commencement. L'habitude qui naît de
l'enfance se fortifie dans la jeuneffe , s'en-
racine dans l'âge viril ; elle eft indeftructible
dans la vieilleffe.

Les Danfeurs devroient, Monfieur , fuivre le même régime que les Athlètes , &
ufer des mêmes précautions dont ils se fervoient lorfqu'ils alloient lutter & combat-

tre ; cette attention les préserveroit des accidens qui leur arrivent journellement ; accidens aussi nouveaux sur le théâtre que les cabrioles, & qui se font multipliés à mesure que l'on a voulu outrer la nature, & la contraindre à des actions le plus souvent au dessus de ses forces. Si notre art exige avec les qualités de l'esprit la force & l'agilité du corps, quels soins ne devrions-nous pas apporter pour nous former un tempérament vigoureux ! Pour être bon Danseur, il faut être sobre : les chevaux anglois ( qu'on me permette la comparaison) destinés aux courses rapides, auroient-ils cette vitesse & cette agilité qui les distingue & qui leur fait donner la préférence sur les autres chevaux, s'ils étoient moins bien soignés ? Tout ce qu'ils mangent est pesé avec la plus grande exactitude ; tout ce qu'ils boivent est scrupuleusement mesuré ; le temps de leur exercice est fixé, ainsi que celui de leur repos. Si ces précautions opèrent efficacement sur des animaux robustes, combien une vie sage &

réglée n'influeroit-elle pas fur des êtres naturellement foibles, mais appelés à un exercice violent & pénible, qui exige la complexion la plus forte & la plus robufte?

La rupture du *tendon d'Achille* & de la jambe, le déboîtement du pied, en un mot, la luxation des parties quelconques, font communément occafionnées dans un Danfeur par trois chofes; 1°. par les iné-galités du théâtre, par une trappe mal affurée, ou par du fuif ou quelque autre chofe femblable qui, fe trouvant fous fon pied, occafionnent fouvent fa chute; 2°. par un exercice trop violent & trop immodéré, qui, joint à des excès d'un autre genre, affoibliffent & relâchent les par-ties : dès-lors il y a peu de foupleffe; les refforts n'ont qu'un jeu forcé; tout eft dans une forte de defféchement. Cette rigidité dans les mufcles, cette privation des fucs & cet épuifement, conduifent in-fenfiblement aux accidens les plus funeftes. 3°. Par la mal-adreffe & par les mauvaifes habitudes que l'on contracte dans l'exercice ; par les pofitions défeƈtueufes des pieds qui , ne fe préfentant point direƈtement vers la terre lorfque le corps retombe , tournent, ploient & fuccombent fous le poids qu'ils reçoivent.

La plante du pied eft la vraie bafe fur laquelle porte toute notre machine. Un Sculpteur courroit rifque de perdre fon ouvrage s'il ne l'étayoit que fur un corps rond & mouvant ; la chute de fa ftatue feroit inévitable ; elle fe romproit & fe briferoit infailliblement. Le Danfeur , par la même raifon, doit fe fervir de tous les doigts de fes pieds , comme d'autant de branches dont l'*écartement* fur le fol augmentant l'efpace de fon appui , affermit & maintient fon corps dans l'équilibre jufte & convenable ; s'il néglige de les étendre, s'il ne *mord* en quelque façon la planche pour fe cramponner & fe tenir ferme , il s'enfuivra une foule d'accidens. Le pied perdra fa forme naturelle ; il s'arrondira & vacillera fans ceffe & de côté , du petit doigt au pouce , & du pouce au petit doigt :

cette espèce de *roulis* occasionné par la forme convexe que l'extrémité du pied prend dans cette position, s'oppose à toute stabilité ; les chevilles chancèlent & se déplacent ; & vous sentez, Monsieur, que dans le temps où la masse tombera d'une certaine hauteur, & ne trouvera pas dans sa base un point fixe capable de la recevoir & de terminer sa chute, toutes les articulations seront blessées de ce choc & de cet ébranlement ; & l'instant où le Danseur tentera de chercher une position ferme & où il fera les plus violens efforts pour se dérober au danger, sera toujours celui où il succombera, soit ensuite d'une entorse, soit ensuite de la rupture de la jambe ou du tendon. Le passage subit du relâchement à une forte tension, & de la flexion à une extension violente, est donc l'occasion d'une foule d'accidens qui seroient sans doute moins fréquens, si l'on se prêtoit, pour ainsi dire, à la chute, & si les parties foibles ne tentoient pas de résister contre un poids qu'elles ne peuvent ni soutenir

ní vaincre ; & l'on ne fauroit trop fe pré-
cautionner contre les fauffes pofitions ,
puifque les fuites en font fi funeftes.

Les chutes occafionnées par les inéga-
lités du théâtre & autres chofes femblables,
ne fauroient être attribuées à notre mal-
adreffe. Quant à celles qui proviennent
de notre foibleffe & de notre abattement après un excès de travail , & enfuite d'un genre de vie qui nous conduit à
l'épuifement, elles ne peuvent être préve-
nues que par un changement de conduite &
par une exécution proportionnée aux forces
qui nous reftent. L'ambition de cabrioler
eft une ambition folle qui ne mène à rien.
Un bouffon arrive d'Italie : fur le champ le
peuple danfant veut imiter ce Sauteur en
liberté ; les plus foibles font toujours ceux
qui font les plus grands efforts pour l'éga-
ler & même pour le furpaffer. On diroit, à
voir *gigotter* nos Danfeurs , qu'ils font at-
teints d'une maladie qui demande , pour
être guérie , de grands fauts , d'énormes
gambades. Je crois voir, Monfieur , la

grenouille de la fable : elle crève en faisant des efforts pour s'enfler, & les Danseurs se rompent & s'estropient en voulant imiter l'Italien fort & nerveux.

Il est un auteur dont j'ignore le nom, & qui s'est trompé grossièrement en faisant insérer dans un livre qui fera toujours autant d'honneur à notre nation qu'à notre siècle, que la flexion des genoux & leur extension étoit ce qui élevoit le corps. Ce principe est totalement faux ; & vous serez convaincu de l'impossibilité physique de l'effet annoncé par ce systême anti-naturel, si vous pliez les genoux & si vous les étendez ensuite. Que l'on fasse ces divers mouvemens soit avec célérité, soit avec lenteur, soit avec douceur, soit avec force ; les pieds ne quitteront point terre : cette flexion & cette extension ne peuvent élever le corps , 'si les parties essentielles à la *réaction* ne jouent pas de concert. Il auroit été plus sage de dire que l'action de sauter dépend des ressorts du coude-pied, des muscles de cette partie & du jeu du *tendon d'Achille* s'ils opèrent une *percuſſion;* car on parviendroit, en *percutant,* à une légère élévation ſans le ſecours de la flexion, & par conſéquent de la *détente* des genoux.

Ce ſeroit encore une autre erreur que de ſe perſuader qu'un homme fort & vigoureux doit s'élever davantage qu'un homme foible & délié : l'expérience nous prouve tous les jours le contraire. Nous voyons d'une part des Danſeurs qui *coupent* leurs temps avec force, qui les *battent* avec autant de vigueur que de fermeté, & qui ne parviennent cependant qu'à une élévation perpendiculaire fort médiocre, car l'élévation oblique ou de côté doit être diſtinguée. Elle eſt, ſi j'oſe le dire, feinte, & ne dépend entièrement que de l'adreſſe. D'un autre côté, nous avons des hommes foibles dont l'exécution eſt moins nerveuſe, plus propre que forte, plus adroite que vigoureuſe, & qui s'élèvent prodigieuſement. C'eſt donc, Monſieur, à la forme du pied, à ſa conformation, à la longueur du tendon, à ſon élaſticité, que l'on doit primitivement l'élévation du corps ; les genoux, les reins & les bras coopèrent unanimement & de concert à cette action. Plus la *preſſion* eſt forte, plus la *réaction* eſt grande, & par conſéquent plus le ſaut a d'élévation. La flexion des genoux & leur extenſion participent aux mouvemens du coude - pied & du *tendon d'Achille*, que l'on doit regarder comme les reſſorts les plus eſſentiels. Les muſcles du tronc ſe prêtent à cette opération & maintiennent le corps dans une ligne perpendiculaire, tandis que les bras qui ont concouru imperceptiblement à l'effort mutuel de toutes les parties, ſervent, pour ainſi dire, d'ailes & de contre - poids à la machine. Conſidérez, Monſieur, tous les animaux qui ont le tendon mince & alongé, les cerfs, les chevreuils, les moutons, les chats, les ſinges, &c. & vous verrez que ces animaux ont une viteſſe & une facilité à s'élever, que les animaux différemment conſtruits ne peuvent avoir.

On peut aſſez communément croire que

les jambes *battent* les temps de l'entrechat lorsque le corps retombe. Je conviens que l'œil qui n'a pas le temps d'examiner, nous trompe souvent ; mais la raison & la réflexion nous dévoilent ensuite ce que la vitesse ne lui permet point d'analyser. Cette erreur naît de la précipitation avec laquelle le corps descend : quoi qu'il en soit , l'entrechat est fait lorsque le corps est parvenu à son degré d'élévation ; les jambes , dans l'instant imperceptible qu'il emploie à retomber , ne sont attentives qu'à recevoir le choc & l'ébranlement que la pesanteur de la masse leur prépare; leur immobilité est absolument nécessaire ; s'il n'y avoit pas un intervalle entre les *batte-mens* & la chute , comment le Danseur retomberoit-il , & dans quelle position ses pieds se trouveroient-ils ? En admettant la possibilité de *battre* en descendant, on retranche l'intervalle nécessaire à la prépation de la *retombée* : or, il est certain que si les pieds rencontroient la terre dans le moment que les jambes battent encore , ils ne feroient pas dans une direction propre à recevoir le corps, ils fuccomberoient fous le poids qui les écraferoit, & ne pourroient fe fouftraire à l'entorfe ou au déboîtement.

Il eft néanmoins beaucoup de Danfeurs qui s'imaginent faire l'entrechat en defcendant; & conféquemment bien des Danfeurs errent & fe trompent. Je ne dis pas qu'il foit moralement impoffible de faire faire un mouvement aux jambes par un effort violent de la hanche ; mais un mouvement de cette efpèce ne peut être regardé comme un temps de l'entrechat ou de la Danfe. Je m'en fuis convaincu par moi-même, & ce n'eft que d'après des expériences réitérées que je hazarde de combattre une idée à laquelle on ne feroit point attaché, fi la plus grande partie des Danfeurs ne s'appliquoit uniquement qu'à étudier les yeux.

Je fuis monté en effet, & plufieurs fois, fur une planche dont les extrémités étoient élevées de terre. Lorfque je m'appercevois du coup que l'on alloit donner à la planche pour la dérober de deffous mes pieds,

pieds, la crainte alors m'engageoit à faire un mouvement qui, en esquivant le chute, m'élevoit un peu au dessus de la planche, & me faisoit parcourir une ligne oblique au lieu d'une ligne droite. Cette action en rompant la chute donnoit à mes jambes la facilité de se mouvoir, parce que je m'étois élevé au dessus de la planche, & qu'un demi-pouce d'élévation, lorsqu'on a de la vitesse, suffit pour *battre* l'entrechat.

Mais si, sans être prévenu, on cassoit ou on déroboit la planche, alors je tombois perpendiculairement; mon corps s'affaissoit sur les parties inférieures, mes jambes étoient immobiles; & mes pieds tendant directement vers la terre étoient sans mouvement, mais dans une position propre à recevoir & à soutenir la masse.

Si l'on admet de la force dans l'instant que le corps tombe, & que l'on croie qu'il lui soit possible d'opérer une seconde fois sans un nouvel effort & un nouveau point d'appui contre lequel les pieds puissent lutter par une *pression* plus ou moins forte, je demanderai pourquoi le même pouvoir n'exifte pas dans un homme qui s'élance pour fauter un foffé. D'où vient ne peut-il paffer le but qu'il a fixé ? D'où vient, dis-je, ne peut-il changer en l'air la combinaifon qu'il a faite de la diftance & de la force qu'il lui falloit pour la franchir ? Pourquoi enfin celui qui a combiné maladroitement, & qui fe voit prêt à tomber dans l'eau pour n'avoir pas fauté deux pouces plus loin, ne peut-il réitérer l'effort, & porter fon corps, par une feconde fecouffe, au-delà du foffé ?

S'il y a de l'impoffibilité à faire ce mouvement, combien plus y en aura-t-il à en faire un autre qui exige de la grace, de l'aifance & de la tranquillité ?

Tout Danfeur qui fait l'entrechat fait à combien de temps il le *paffera* ; l'imagination devance toujours les jambes : on ne peu le *battre à huit*, fi l'intention n'étoit que de le *paffer à fix* ; fans cette précaution, il y auroit autant de chutes que de pas.

Je soutiens donc que le corps ne peut opérer deux fois en l'air lorsque les ressorts de la machine ont joué, & que leur effet est déterminé.

Deux défauts s'opposent encore aux progrès de notre art ; premièrement, les disproportions qui règnent communément dans les pas ; secondement, le peu de fermeté des reins.

Les disproportions dans les pas prennent leur source de l'imitation & du peu de raisonnement des Danseurs. Les *déploiemens* de la jambe & les *temps ouverts* convenoient sans doute à *Dupré* ; l'élégance de sa taille & la longueur de ses membres s'associoient à merveille aux *temps développés* & aux pas hardis de sa Danse ; mais ce qui lui alloit, ne peut être propre aux Danseurs d'une taille médiocre ; cependant tous vouloient l'imiter : les jambes les plus courtes s'efforçoient de parcourir les mêmes espaces & de décrire les mêmes cercles que celles de ce célèbre Danseur ; dès-lors plus de fermeté ; les hanches n'étoient jamais à

leur place , le corps vacilloit fans ceffe , &
l'exécution étoit ridicule.

L'étendue & la longueur des parties
doivent déterminer les contours & les
*déploiemens*. Sans cette précaution , plus
d'*enfemble* , plus d'harmonie , plus de tranquillité & plus de graces ; les parties fans
ceffe défunies & toujours diftantes jetteront
le corps dans des pofitions fauffes & défagréables , & la Danfe dénuée de fes juftes
proportions , reffemblera à l'action de ces
*pantins* , dont les mouvemens ouverts &
difloqués n'offrent que la *charge* groffière
des mouvemens harmonieux que les bons
Danfeurs doivent avoir.

Ce défaut eft, Monfieur , fort à la mode
parmi ceux qui danfent le férieux ; &
comme ce genre règne à Paris plus que
par-tout ailleurs , il eft très-commun d'y
voir danfer le nain dans des proportions
gigantefques & ridicules. J'ofe même avancer que ceux qui font doués d'une taille
majeftueufe abufent quelquefois de l'étendue de leurs membres & de la facilité qu'ils

ont d'arpenter le théâtre & de détacher leurs temps : ces *déploiemens* outrés altèrent le caractère noble & tranquille que la belle Danfe doit avoir , & privent l'exécution de fon *moëlleux* & de fa douceur.

Le contraire de ce que je viens de vous dire eft un défaut qui n'eft pas moins défagréable. Des pas ferrés , des temps *maigres* & rétrécis , une exécution enfin trop petite , choquent également le bon goût. C'eft donc, je le répète, la taille & la conformation du Danfeur qui doivent fixer & déterminer l'étendue de fes mouvemens, & les proportions que fes pas & fes attitudes doivent avoir pour être deffinés correctement & d'une manière brillante.

On ne peut être excellent Danfeur fans être ferme fur fes reins , eût-on même toutes les qualités effentielles à la perfection de cet art. Cette force eft, fans contredit, un don de la nature. N'eft-elle pas cultivée par les foins d'un maître habile ? elle ceffe dès-lors d'être utile. Nous voyons

journellement des Danseurs forts & vigoureux qui n'ont ni *à-plomb* ni fermeté, &
dont l'exécution est *déhanchée*. Nous en
rencontrons d'autres au contraire qui, n'é-
tant point nés avec cette force, sont,
pour ainsi dire, assis solidement sur leurs
hanches, qui ont la ceinture assurée & les
reins fermes. L'art chez eux a suppléé à la
nature, parce qu'ils ont eu le bonheur de
rencontrer d'excellens maîtres qui leur ont
démontré que, lorsqu'on *abandonne les reins*,
il est impossible de se soutenir dans une
ligne droite & perpendiculaire ; que l'on
se dessine de mauvais goût ; que la vacilla-
tion & l'instabilité de cette partie s'opposent à l'*à-plomb* & à la fermeté ; qu'ils impriment un défaut désagréable dans la ceinture ; que l'affaissement du corps ôte aux
parties inférieures la liberté dont elles ont
besoin pour se mouvoir avec aisance ; que
le corps dans cette situation est comme indéterminé dans ses positions ; qu'il entraîne
souvent les jambes ; qu'il perd à chaque
instant le centre de gravité, & qu'il ne

retrouve enfin fon équilibre qu'après des efforts & des contorfions qui ne peuvent s'affocier aux mouvemens gracieux & harmonieux de la Danfe.

Voilà, Monfieur, le tableau fidèle de l'exécution des Danfeurs qui n'ont point de reins, ou qui ne s'appliquent point à faire un bon ufage de ceux qu'ils ont. Il faut, pour bien danfer, que le corps foit ferme & tranquille, qu'il foit immobile & inébranlable dans le temps des mouvemens des jambes. Se prête-t-il au contraire à l'action des pieds, il fait autant de grimaces & de contorfions qu'ils exécutent de pas différens : l'exécution dès - lors eft dénuée de repos, d'*enfemble*, d'harmonie, de précifion, de fermeté, d'*à-plomb* & d'équilibre; enfin elle eft privée des graces & de la nobleffe, qui font les qualités fans lefquelles la Danfe ne peut plaire.

Quantité de Danfeurs s'imaginent, qu'il n'eft queftion que de plier les genoux très-bas pour être *liant* & *moëlleux*; mais ils fe trompent à coup fûr, car la flexion trop outrée donne de la fécherefſe à la Danſe. On peut être très-dur & *faccader* tous les mouvemens, en pliant bas comme en ne pliant pas. La raiſon en eſt ſimple, naturelle & évidente, lorſque l'on conſidère que les temps & les mouvemens du Danſeur ſont exactement ſubordonnés aux temps & aux mouvemens de la muſique. En partant de ce principe, il n'eſt pas douteux que fléchiſſant les genoux plus bas qu'il ne le faut relativement à l'air ſur lequel on danſe, la meſure alors traîne, languit & ſe perd. Pour regagner le temps que la flexion lente & outrée a fait perdre, & pour le rattraper, il faut que l'extenſion ſoit prompte; & c'eſt ce paſſage ſubit & ſoudain de la flexion à l'extenſion, qui donne à l'exécution une fécherefſe & une dureté tout auſſi choquante & auſſi déſagréable que celle qui réſulte de la roideur.

Le *moëlleux* dépend en partie de la flexion proportionnée des genoux, mais ce mouvement n'eſt pas ſuffiſant; il faut encore que les coude-pieds faſſent reſſort, & que les reins servent, pour ainsi dire, de contre-poids à la machine, pour que ces ressorts baissent & haussent avec douceur. C'est cette harmonie rare dans tous les mouvemens, qui a mérité au célèbre *Dupré* le titre de Dieu de la Danse. En effet, cet excellent Danseur avoit moins l'air d'un homme que d'une divinité; le *liant*, le *moëlleux* & la douceur qui règnoient dans tous ses mouvemens, la correspondance intime qui se rencontroit dans le jeu de ses articulations, offroient un *ensemble* admirable; *ensemble* qui résulte de la belle conformation, de l'arrangement juste, de la proportion bien combinée des parties, & qui, dépendant bien moins de l'étude & du raisonnement que de la nature, ne peut s'acquérir que lorsque l'on est servi par elle.

Si les Danseurs même les plus médiocres font en possession d'une grande quantité de pas ( mal cousus à la vérité, & liés la plupart à contre-sens & de mauvais goût), il est moins commun de rencontrer chez eux cette précision d'oreille, avantage rare, mais inné, qui caractérise la Danse, qui donne de l'esprit & de la valeur aux pas, & qui répand sur tous les mouvemens un sel qui les anime & qui les vivifie.

Il y a des oreilles fausses & insensibles aux mouvemens les plus simples & les plus saillans ; il y en a de moins dures qui sentent la mesure, mais qui ne peuvent en saisir les finesses ; il y en a d'autres enfin qui se prêtent naturellement & avec facilité aux mouvemens des airs les moins sensibles. Mlle. *Carmago* & M. *Lany* jouissoient de ce tact précieux & de cette précision exacte qui prêtent à la Danse un esprit, une vivacité & une gaieté que l'on ne rencontre point chez les Danseurs qui ont moins de sensibilité & de finesse dans cet organe. Il est cependant constant que la manière de prendre les temps, en contribuant à la vitesse, ajoute en quelque sorte à la délicatesse de l'oreille ; je veux dire, que tel Danseur peut avoir un très-beau tact & ne le pas rendre sensible aux

fpeftateurs, s'il ne poſſéde l'art de ſe ſervir avec aiſance des reſſorts qui font mouvoir le coude-pied. La mal-adreſſe s'oppoſe
donc à la juſteſſe ; & tel pas qui auroit été
faillant & qui auroit produit ſon effet, s'il
eût été pris avec promptitude & à l'extrémité de la meſure, paroît froid & inanimé
ſi toutes les parties opèrent à-la-fois. Il faut
plus de temps pour mouvoir toute la machine, qu'il n'en faut pour en mouvoir une
partie. La flexion & l'extenſion du coude-
pied eſt bien plus prompte & bien plus
ſubite que la flexion & l'extenſion générale de toutes les articulations. Ce principe
poſé, la préciſion manque à celui qui,
ayant de l'oreille, ne ſait pas prendre ſes
temps avec viteſſe. L'élaſticité du coude-
pied & le jeu plus ou moins actif des ref-
ſorts, ajoutent à la ſenſibilité naturelle
de l'organe, & prêtent à la Danſe de la
valeur & du brillant. Ce charme, qui
naît de l'harmonie des mouvemens de la
muſique & des mouvemens du Danſeur,
enchaîne ceux même qui ont l'oreille la

plus ingrate & la moins fufceptible des im-preffions de la mufique.

Il eft des pays où les habitans jouiffent généralement de ce tact inné qui feroit rare en France, fi nous ne comptions au nombre de nos provinces la Provence, le Languedoc & l'Alface.

Le Palatinat de Wirtemberg, la Saxe, le Brandebourg, l'Autriche & la Bohême, fourniffent aux orcheftes des Princes Allemands une quantité d'excellens muficiens & de grands compofiteurs. Les peuples de la Germanie naiffent avec un goût vif & déterminé pour la mufique; ils portent en eux le germe de l'harmonie; & il eft on ne peut pas plus commun d'entendre dans les rues & dans les boutiques des artifans, des concerts pleins de jufteffe & de préci-fion. Chacun chante fa partie & compte fes temps avec exactitude; ces concerts dictés par la fimple nature & exécutés par les gens les plus vils, ont un *enfemble* que nous avons de la peine à faire faifir à nos muficiens François, malgré le bâton de mefure

& les contorſions de celui qui en eſt armé. Cet inſtrument, ou pour mieux dire cette eſpèce de férule, décèle l'école, & retrace la foibleſſe & l'enfance dans laquelle notre muſique étoit plongée il y a ſoixante ans. Les étrangers accoutumés à entendre des orcheſtres bien plus nombreux que les nôtres, bien plus variés en inſtrumens & infiniment plus riches en muſique ſavante & difficultueuſe, ne peuvent s'accoutumer à ce bàton, ſceptre de l'ignorance, qui fut inventé pour conduire des talens naiſſans. Ce hochet de la muſique au berceau, paroît inutile dans l'adoleſcence de cet art. L'orcheſtre de l'Opéra eſt, ſans contredit, le centre & la réunion des muſiciens habiles; il n'eſt plus néceſſaire de les avertir comme autrefois qu'il y a deux dièſes à la clef. Je crois donc, Monſieur, que cet inſtrument, ſans doute utile dans les temps d'ignorance, ne l'eſt plus dans un ſiècle où les beaux arts tendent à la perfection. Le bruit déſagréable & diſſonnant qu'il produit, lorſque le préfet de la mufique entre dans l'enthoufiafme & qu'il brife le pupitre, diftrait l'oreille du fpec-tateur, coupe l'harmonie, altère le chant des airs, & s'oppofe à toute impreffion.

Ce goût naturel & inné pour la mufique entraîne après lui celui de la Danfe. Ces deux arts font frères & fe tiennent par la main ; les accens tendres & harmonieux de l'un, excitent les mouvemens agréables & expreffifs de l'autre; leurs effets réunis offrent aux yeux & aux oreilles des tableaux animés; ces fens portent au cœur les images intéreffantes qui les ont affectés ; le cœur les communique à l'ame ; & le plaifir qui réfulte de l'harmonie & de l'intelligence de ces deux arts, enchaîne le fpectateur & lui fait éprouver ce que la volupté a de plus féduifant.

La Danfe eft variée à l'infini dans toutes les provinces de la Germanie. La manière de danfer qui règne dans un village, eft prefque étrangère dans le hameau voifin. Les airs mêmes deftinés à leurs réjouiffances ont un caractère & un mouvement différens, quoiqu'ils portent tous celui de la gaieté. Leur danse est séduisante, parce qu'elle tient tout de la nature ; leurs mouvemens ne respirent que la joie & le plaisir ; & la précision avec laquelle ils exécutent donne un agrément particulier à leurs attitudes, à leurs pas & à leurs gestes. Est-il question de sauter ? cent personnes autour d'un chêne ou d'un pilier, prennent leurs temps dans le même instant, s'élèvent avec la même justesse, & retombent avec la même exactitude. Faut-il marquer la mesure par un coup de pied ? tous sont d'accord pour le frapper ensemble: Enlèvent-ils leurs femmes ? on les voit toutes en l'air à des hauteurs égales, & ils ne les laissent tomber que sur la note sensible de la mesure.

Le *contre-point*, qui sans contredit est la pierre de touche de l'oreille la plus délicate, est pour eux ce qu'il y a de moins difficile ; aussi la Danse est-elle animée, & la finesse de leur organe jette-t-elle dans leur manière de se mouvoir une gaieté

& une variété que l'on ne trouve point dans nos contredanses françoises.

Un Danseur sans oreille est l'image d'un fou qui parle sans cesse, qui dit tout au hasard, qui n'observe point de suite dans la conversation, & qui n'articule que des mots mal cousus & dénués de sens commun. La parole ne lui sert qu'à indiquer aux gens sensés sa folie & son extravagance. Le Danseur sans oreille, ainsi que le fou, fait des pas mal combinés, s'égare à chaque instant dans son exécution, court sans cesse après la mesure & ne l'attrape jamais. Il ne sent rien ; tout est faux chez lui ; sa Danse n'a ni raisonnement ni expression ; & la musique qui devroit diriger ses mouvemens, fixer ses pas & déterminer ses temps, ne sert qu'à déceler son insuffisance & ses imperfections.

L'étude de la musique peut, comme je vous l'ai déja dit, remédier à ce défaut, & donner à l'organe moins d'insensibilité & plus de justesse.

Je ne vous ferai pas, Monsieur, une longue description

defcription de tous les enchaînemens de pas dont la Danfe eft en poffeffion. Ce détail feroit immenfe ; il eft inutile d'ailleurs de m'étendre fur le mécanifme de mon art ; cete partie eft portée à un fi haut degré de perfection, qu'il feroit ridicule de vouloir donner de nouveaux préceptes aux Artiftes. Une pareille differtation ne pourroit manquer d'être froide & de vous déplaire ; c'eft aux yeux & non aux oreilles que les pieds & les jambes doivent parler.

Je me contenterai donc de dire que ces enchaînemens font innombrables, que chaque Danfeur a fa manière particulière d'allier & de varier fes temps. Il en eft de la Danfe comme de la mufique, & des Danfeurs comme des muficiens : notre art n'eft pas plus riche en pas fondamentaux que la mufique l'eft en notes ; mais nous avons des octaves, des rondes, des blanches, des noires, des croches, des doubles croches & des triples croches, des temps à compter & une mefure à fuivre ; ce mélange d'un petit nombre de pas & d'une petite quantité de notes offre une multitude d'enchaînemens & de traits variés : le goût & le génie trouvent toujours une source de nouveautés en arrangeant & en retournant cette petite portion de notes & de pas de mille sens & de mille manières différentes; ce sont donc ces pas lents & soutenus, ces pas vifs, précipités, & ces temps plus ou moins ouverts, qui forment cette diversité continuelle.

Je suis, &c.

# LETTRE XIII.

LA *Chorégraphie* (1) dont vous voulez que je vous entretienne, Monsieur, est l'art d'écrire la Danse à l'aide de différens signes, comme on écrit la musique à l'aide de figures ou de caractères désignés par la dénomination des notes, avec cette différence qu'un bon musicien lira deux cents mesures dans un instant, & qu'un excellent *chorégraphe* ne déchiffrera pas deux cents mesures de Danse en deux heures.

---

(1) *Thoynot Arbeau*, Chanoine de Langres, s'est distingué le premier par un traité qu'il donna en 1588, & qu'il a intitulé *Orchéfographie*. Il écrivoit au dessous de chaque note de l'air, les mouvemens & les pas de Danses qui lui paroissoient convenables. *Beauchamps* donna ensuite une forme nouvelle à la chorégraphie, & perfectionna l'ébauche ingénieuse de *Thoynot Arbeau*; il trouva le moyen d'écrire les pas par les signes auxquels il attacha une signification & une valeur differentes, & il fut declaré l'inventeur de cet art par un arrêt du Parlement. *Feuillet* s'y attacha fortement, & nous a laissé quelques ouvrages sur cette matière.

S 2

Ces fignes repréfentatifs fe conçoivent aifément ; on les apprend vîte , on les oublie de même. Ce genre d'écriture particulier à notre art , & que les anciens ont
peut-être ignoré , pouvoit être néceffaire
dans les premiers momens où la Danfe a
été affervie à des principes. Les maîtres
s'envoyoient réciproquement de petites
contredanfes & des morceaux brillans &
difficiles , tels que le *Menuet d'Anjou* , la
*Bretagne* , la *Mariée* , le *Paffepied* ; fans
compter encore les *Folies d'Efpagne* , la
*Pavonne*, la *Courante* , la *Bourrée d'Achille*
& *l'Allemande*. Les chemins ou la figure
de ces Danfes étoient tracés ; les pas étoient
enfuite indiqués fur ces chemins par des
traits & des fignes démonftratifs & de convention ; la cadence ou la mefure étoit
marquée par de petites barres pofées tranf-
verfalement , qui divifoient les pas &
fixoient les temps ; l'air fur lequel ces pas
étoient compofés , fe notoit au deffus de la
page , de forte que huit mefures de *Choré-*
*graphie* équivaloient à huit mefures de

muſique. Moyennant cet arrangement, on parvenoit à épeler la Danſe, pourvu que l'on eût la précaution de ne jamais changer la poſition du livre, & de le tenir toujours dans le même ſens. Voilà, Monſieur, ce qu'étoit jadis la *Chorégraphie*. La Danſe étoit ſimple & peu compoſée, la manière de l'écrire étoit par conſéquent facile, & on apprenoit à la lire fort aiſément. Mais aujourd'hui les pas ſont compliqués, ils ſont doublés & triplés; leur mélange eſt immenſe : il eſt donc très-difficile de les mettre par écrit, & encore plus difficile de les déchiffrer. Cet art au reſte eſt très-imparfait; il n'indique exactement que l'action des pieds; & s'il nous déſigne les mouvemens des bras, il n'ordonne ni les poſitions ni les contours qu'ils doivent avoir; il ne nous montre encore ni les attitudes du corps, ni ſes *effacemens*, ni les *oppoſitions* de la tête, ni les ſituations différentes, nobles & aiſées, néceſſaires dans cette partie; & je le regarde comme un art inutile, puisqu'il ne peut rien pour la perfection du nôtre.

Je demanderois à ceux qui se font gloire d'être inviolablement attachés à la *Chorégraphie*, & que peut-être je scandalise, à quoi cette science leur a servi ? quel lustre a-t-elle donné à leurs talens ? quel vernis a-t-elle répandu sur leur réputation ? Ils me répondront, s'ils sont sincères, que cet art n'a pu les élever au dessus de ce qu'ils étoient, mais qu'ils ont en revanche tout ce qui a été fait de beau en matière de Danse depuis cinquante ans. » Conser-
» vez, leur dirai-je, ce recueil précieux ;
» votre cabinet renferme tout ce que les
» *Dupré*, les *Carmago*, les *Lany*, & peut-
» être même les *Blondi* ont imaginé d'en-
» chaînemens & de temps subtils, hardis
» ou ingénieux ; & cette collection est
» sans doute très-belle ; mais je vois avec
» regret que toutes ces richesses réunies
» n'ont pu vous sauver de l'indigence dans
» laquelle vous êtes des biens que vous
» auriez tirés de votre propre fonds. En-

» taſſez, tant qu'il vous plaira, ces foi-
» bles monumens de la gloire de nos Dan-
» ſeurs célèbres ; je n'y vois & l'on n'y
» verra que le premier trait ou la pre-
» mière penſée de leurs talens; je n'y diſ-
» tinguerai que des beautés éparſes , ſans
» *enſemble*, ſans *coloris* ; les grands traits
» en ſeront effacés; les proportions , les
» contours agréables ne frapperont point
» mes yeux ; j'apperceverai ſeulement
» des veſtiges & des traces d'une action
» dans les pieds, que n'accompagneront
» ni les attitudes du corps , ni les poſi-
» tions des bras , ni l'expreſſion des têtes;
» en un mot , vous ne m'offrirez qu'une
» toile ſur laquelle vous aurez conſervé
» quelques traits épars de différens maî-
» tres. «

J'ai appris, Monſieur, la *Chorégraphie* ,
& je l'ai oubliée ; ſi je la croyois utile à
mes progrès, je l'apprendrois de nouveau.
Les meilleurs Danſeurs & les Maîtres de
Ballets les plus célèbres la dédaignent,
parce qu'elle n'eſt pour eux d'aucun ſecours

réel. Elle pourroit cependant acquérir un degré d'utilité, & je me propose de vous en entretenir, après vous avoir fait part d'un projet né de quelques réflexions sur l'Académie de Danse, dont l'établissement n'a eu, vraisemblablement, d'autre objet que celui de parer à la décadence de notre art & d'en hâter les progrès.

La Danse & les Ballets prendroient sans doute une nouvelle vie, si des usages établis par un esprit de crainte & de jalousie, ne fermoient en quelque sorte le chemin de la gloire à tous ceux qui pourroient se montrer avec quelque avantage sur le théâtre de la Capitale, & convaincre par la nouveauté de leur genre, que le génie est de tous les pays, & qu'il croît & s'élève en province avec autant de facilité que par-tout ailleurs.

Ne croyez pas, Monsieur, que je veuille déprimer les Danseurs que la faveur, ou si vous le voulez, une étoile propice & favorable a conduits à une place à laquelle de vrais talens les appeloient. L'amour de mon art, & non l'amour de moi-même, est le seul qui m'anime; & je me persuade que sans blesser quelqu'un, il m'est permis de souhaiter à la Danse les prérogatives dont jouit la Comédie. Or, les comédiens de province n'ont-ils pas la liberté de débuter à Paris, & d'y jouer trois rôles différens & à leur choix? Oui, sans doute, me dira-t-on: mais ils ne sont pas toujours reçus. Eh! qu'importe à celui qui réussit & qui plaît généralement, d'être reçu ou de ne le pas être? Tout acteur qui triomphe par ses talens de la cabale comique, & qui s'attire sans bassesse les suffrages unanimes d'un public éclairé, doit être plus que dédommagé de la privation d'une place qu'il doit moins regretter lorsqu'il sait qu'il la mérite légitimement.

La peinture n'auroit certainement pas produit tant d'hommes illustres dans tous les genres qu'elle embrasse, sans cette émulation qui règne dans son académie. C'est là, Monsieur, que le vrai mérite peut se montrer sans crainte; il place chacun dans le rang qui lui convient ; & la faveur fut toujours plus foible à la galerie du Louvre, qu'un beau pinceau qui la force au silence.

Si les Ballets font des tableaux vivans, s'ils doivent réunir tous les charmes de la peinture , pourquoi n'est - il pas permis à nos maîtres d'exposer fur le théâtre de l'Opéra trois morceaux de ce genre, l'un tiré de l'histoire , l'autre de la fable , & le dernier de leur propre imagination ? Si ces maîtres réussissoient, on les recevroit membres de l'Académie, ou on les agrégeroit à cette société. De cette marque de distinction & de cet arrangement , naîtroit à coup sûr l'émulation ( aliment précieux des arts) ; & la Danse encouragée par cette récompense , quelque chimérique qu'elle puisse être , se placeroit d'un vol rapide à côté des autres. Cette Académie devenant d'ailleurs plus nombreuse, se distingueroit peut-être davantage ; les efforts des provinciaux exciteroient les siens ; les Danseurs qui y seroient agrégés , serviroient d'aiguillon à ses principaux membres ; la vie tranquille de la province faciliteroit à ceux qui y sont répandus, les moyens de penser, de réfléchir & d'écrire sur leur art ; ils adresseroient à la société des mémoires souvent instructifs ; l'Académie, à son tour, seroit forcée d'y répondre ; & ce commerce littéraire, en répandant sur nous un jour nouveau, nous tireroit peu à peu de notre langueur & de notre obscurité. Les jeunes gens qui se livrent à la Danse machinalement & sans principes, s'instruiroient encore infailliblement : ils apprendroient à connoître les difficultés, ils s'efforceroient de les surmonter ; & la vue des routes sûres les empêcheroit de se perdre & de s'égarer.

On a prétendu, Monsieur, que notre Académie est le séjour du silence, & le tombeau des talens de ceux qui la composent. On s'est plaint de n'en voir sortir aucun écrit ni bon, ni mauvais, ni médiocre, ni satisfaisant, ni ennuyeux ; on lui reproche de s'être entièrement écartée de sa première inſtitution, de ne s'aſſembler que rarement ou par haſard, de ne s'occuper en aucune manière des progrès de l'art qui en eſt l'objet, ni du ſoin d'inſtruire les Danſeurs & de former des élèves. Le moyen que je propoſe feroit inévitablement taire la calomnie ou la médiſance, & rendroit à cette ſociété la conſidération & le nom que pluſieurs perſonnes lui refuſent peut-être injuſtement. J'ajouterai que ſes ſuccès, ſi elle ſe déterminoit à prendre des diſciples, feroient infiniment plus aſſurés ; elle ôteroit du moins à une multitude de maîtres avides d'une réputation qu'ils n'ont pas méritée, la reſſource de s'attribuer les progrès des élèves, & la liberté d'en rejeter les défauts ſur ceux dont ils ont reçu les premières leçons. *Ce Danſeur*, diſent - ils, *a reçu primitivement de mauvais principes : s'il a des défauts, ce n'eſt pas ma faute ; j'ai tenté l'impoſſible. Les parties dans leſquelles il ſe diſtingue m'appartiennent, elles ſont mon ouvrage.* C'eſt ainſi, Monſieur, qu'on ſe ménage adroitement, en ſe refuſant aux peines de l'état, une réponse courte en cas de critique, & une sorte de crédit & de confiance en cas d'applaudissement. Vous conviendrez cependant que la perfection de l'ouvrage dépend en partie de la beauté de l'*ébauche*; mais un écolier que l'on présente au public est comme un tableau qu'un Peintre expose au *Sallon* : tout le monde le voit; tout le monde l'admire & l'applaudit, ou tout le monde le blâme & le censure. Figurez-vous donc l'avantage que l'on a d'être constamment à l'affût des sujets agréables formés dans la province , dès qu'on peut se faire honneur des talens qu'on ne leur a pas donnés. Il ne s'agit que de débiter d'abord que l'élève a été indignement enseigné , que le maître l'a totalement perdu, que l'on a eu une peine inconcevable à détruire cette mauvaise *danse de campagne*, & à remédier à des défauts étonnans. Il faut ensuite ajouter que l'élève a du zèle , qu'il répond aux soins qu'on se donne, qu'il travaille nuit & jour, & le faire débuter un mois après. *Allons voir* (dit-on) *danfer ce jeune homme ; c'eft l'écolier d'un tel ; il étoit déteftable il y a un mois. Oui*, répond celui-ci, *il étoit infoutenable & du dernier mauvais.* L'élève fe préfente, on l'applaudit avant qu'il danfe. Cependant il fe déploie avec grace, il fe deffine avec élégance; fes attitudes font belles, fes pas bien *écrits ;* il eft brillant en l'*air*, il eft vif & précis *terre-à-terre.* Quelle furprife ! On crie miracle. *Le maître eft étonnant ! avoir formé un Danfeur en vingt leçons ! cela ne s'eft jamais fait. En honneur, les talens de notre fiècle font furprenans.*

Le maître reçoit ces louanges avec une modeftie qui féduit, tandis que l'écolier, ébloui du fuccès & étourdi des applaudiffemens, fe voue à l'ingratitude la plus noire; il oublie jufqu'au nom de celui à qui il doit tout; tout fentiment de reconnoiffance eft pour jamais effacé de fon ame; il avoue, il protefte effrontément qu'il ne favoit rien, comme s'il étoit en état de fe juger lui-même; & il encenfe le charlatanifme par lequel il imagine que les éloges lui ont été prodigués.

Ce n'est pas tout : ce même élève fait un nouveau plaisir toutes les fois qu'il paroît; bientôt il donne de la jalousie & de l'ombrage à son maître ; celui-ci lui refuse alors des leçons, parce que son genre est le même, & qu'il craint que son écolier ne le surpasse & ne le fasse oublier. Quelle petitesse ! Peut-on se persuader qu'il n'y ait point de gloire à un habile homme d'en faire un plus habile que lui ? Est-ce avilir son mérite & flétrir sa réputation, que de faire revivre ses talens dans ceux d'un écolier ? Eh ! Monsieur, le public pourroit-il savoir mauvais gré à *Jéliote* (1), s'il eût formé un homme qui l'égalàt ? En seroit-il moins *Jéliote ?* Non, sans doute; de pa-

____

(1) L'Orphée de notre siècle, l'ornement de la scène lyrique & le plus célèbre chanteur que l'Opéra ait jamais eu. Il réunissoit aux charmes de la voix un goût & une expression admirable ; il étoit aussi habile musicien qu'il étoit excellent acteur, talent rare chez nos chanteurs françois.

reilles craintes ne troublent point le vrai mérite & n'alarment que les demi-talens.

Mais revenons à l'Académie de Danſe : que de mémoires excellens, que d'obſervations neuves, & combien de traités inſtruĉtifs ſortiroient de la ſociété, ſi l'émulation des membres étoit aiguillonnée & réveillée par les travaux qui leur ſeroient offerts !

Il eût été à ſouhaiter, Monſieur, que les Académiciens & le corps même de l'Académie euſſent fourni à l'Encyclopédie tous les articles qui concernent l'art de la Danſe. Cet objet eût été mieux rempli par des Artiſtes éclairés que par M. *de Cahuſac.* La partie hiſtorique appartenoit à ce dernier ; mais la partie mécanique devroit, ce me ſemble, appartenir de droit aux Danſeurs. Ils auroient éclairé le public & les Danſeurs ; & en illuſtrant l'art, ils ſe ſeroient illuſtrés eux-mêmes. Les produĉtions ingénieuſes que la Danſe enfante ſi ſouvent à Paris, & dont ils auroient pu donner au moins quelques exemples,

auroient

auroient été confacrées dans des planches
différentes de ces tables chorégraphiques,
qui, comme je l'ai dit, n'apprennent rien,
ou n'apprennent que très-peu de chofe. Je
fuppofe en effet que l'Académie eût affo-
cié à fes travaux deux grands hommes,
*Boucher* & M. *Cochin*; qu'un Académi-
cien *Chorégraphe* eût été chargé du foin de
tracer les chemins & de deffiner les pas;
que celui qui étoit en état d'écrire avec
plus de netteté, eût expliqué tout ce que
le plan géométral n'auroit pu préfenter dif-
tinctement; qu'il eût rendu compte des
effets que chaque tableau mouvant auroit
produits, & de celui qui réfultoit de telle
ou telle fituation; qu'enfin il eût analyfé
les pas, leurs enchaînemens fucceffifs;
qu'il eût parlé des pofitions du corps, des
attitudes, & qu'il n'eût rien omis de ce
qui peut expliquer & faire entendre le jeu
muet, l'expreffion pantomime & les fentimens variés de l'ame par les caractères variés de la phyfionomie; alors *Boucher*,
d'une main habile, eût deffiné tous les

T

*groupes* & toutes les situations vraiment intéressantes ; & M. *Cochin*, d'un burin hardi, auroit multiplié les esquisses de *Boucher*. Avouez, Monsieur, qu'avec le secours de ces deux hommes célèbres, nos Académiciens feroient aisément passer à la postérité le mérite des Maîtres de Ballets & des Danseurs habiles dont le nom est à peine conservé parmi nous, & qui ne nous laissent, après qu'ils ont abandonné le théâtre, qu'un souvenir confus des talens qui nous forçoient à les admirer. La *Chorégraphie* deviendroit alors intéressante. Plan géométral, plan d'élévation, description fidelle de ces plans, tout se présenteroit à l'œil, tout instruiroit des attitudes du corps, de l'expression des têtes, des contours des bras, de la position des jambes, de l'élégance du vêtement, de la vérité du *costume* ; en un mot, un tel ouvrage soutenu du crayon & du burin de ces deux illustres Artistes, seroit une source où l'on pourroit puiser, & je le regarderois comme les archives de tout ce que notre art peut

offrir de lumineux , d'intéreſſant & de
beau.

Quel projet, me direz - vous ! Quelle
dépenſe immenſe ! Quel livre volumineux!
Il me ſera facile de vous répondre. 1°. Je ne
propoſe pas deux mercenaires , mais deux
Artiſtes qui traiteront l'Académie avec ce
déſintéreſſement qui eſt la marque & la
preuve des vrais talens. 2°. Je ne leur deſtine que des choſes abſolument dignes
d'eux & de leurs ſoins, c'eſt - à - dire , des
choſes excellentes , pleines de feu & de
génie, de ces morceaux rares exactement
neufs & qui inſpirent par eux-mêmes. Ainſi
voilà des dépenſes épargnées, & ſûrement
des planches en très - petit nombre. Plus
ſenſible que qui que ce ſoit à la gloire d'une
Académie alors véritablement utile,que ne
puis-je , Monſieur, voir déja ce projet mis
à exécution ! Et quel moyen plus ſûr pour
elle & pour les Danſeurs qu'elle croiroit
devoir célébrer, de voler à l'immortalité,
que celui d'emprunter les ailes de deux
Artiſtes faits pour graver à jamais au temple

de mémoire & leurs noms, & celui des perfonnages qu'ils voudront illuftrer ? Une
telle entreprife fembloit leur être réfervée;
& j'ofe croire que nos Académiciens trouveroient en eux toutes les reffources qu'ils
pourroient defirer, lorfqu'ils leur préfente-
roient des modèles dont la capitale , qui
eft le centre & le point de réunion de tous
les talens , fourmille fans doute , & que je
n'ai ni la hardieffe ni la témérité de leur
indiquer.

Voilà , Monfieur , ce qui me paroîtroit
devoir être fubftitué à la *Chorégraphie* de
nos jours , à cet art aujourd'hui fi compliqué, que les yeux & l'efprit s'y perdent ;
car ce qui n'étoit que le rudiment de la
Danfe , en eft devenu infenfiblement le gri-
moire. La perfection même que l'on a voulu
donner aux fignes qui défignent les pas &
les mouvemens, n'a fervi qu'à les embrouil-
ler & les rendre indéchiffrables. Plus la
Danfe s'embellira , plus les caractères fe
multiplieront, & plus cette fcience fera
inintelligible. Jugez-en, je vous prie, par

l'article *Chorégraphie* inséré dans l'Encyclopédie ; vous regarderez sûrement cet art comme l'algèbre des Danseurs, & je crains fort que les planches ne répandent pas un jour plus clair sur les endroits obscurs de cette dissertation.

Je conviens, me répliquerez-vous peut-être, que le fameux *Blondy* lui-même interdisoit cette étude à ses élèves ; mais avouez du moins que la *Chorégraphie* est nécessaire aux Maîtres de Ballets. Non, Monsieur, c'est une erreur que de penser qu'un bon Maître de Ballets puisse tracer & composer son ouvrage au coin de son feu. Ceux qui travaillent ainsi ne parviendront jamais qu'à des combinaisons misérables. Ce n'est pas la plume à la main que l'on fait marcher les figurans. Le théâtre est le Parnasse des compositeurs ingénieux ; c'est là que, sans chercher, ils rencontrent une multitude de choses neuves ; tout s'y lie, tout y est plein d'ame, tout y est dessiné avec des traits de feu. Un tableau ou une situation le conduit naturellement à une autre ; les figures s'enchaînent avec autant d'aisance que de grace : l'effet général se fait sentir sur le champ ; car telle figure élégante sur le papier, cesse de l'être à l'exécution ; telle autre qui le sera pour le spectateur qui la verra en *vue d'oiseau*, ne le sera point pour les premières loges & le parterre. C'est donc pour les places les moins élevées que l'on doit principalement travailler, puisque telle forme, tel *groupe* & tel tableau, dont l'effet est sensible pour le parterre, ne peut manquer de l'être dans quelque endroit de la salle que l'on se place. Vous observez dans les Ballets des *marches*, des *contre - marches*, des *repos*, des *retraites*, des *évolutions*, des *groupes* ou des *pelotons*. Or, si le maître n'a pas le talent de faire mouvoir la grande machine dans des sens justes ; s'il ne démêle au premier coup-d'œil les inconvéniens qui peuvent résulter de telle opération ; s'il n'a l'art de profiter du terrain ; s'il ne proportionne pas les manœuvres à l'étendue plus ou moins vaste & plus ou moins limitée du théâtre; fi fes difpofitions font mal conçues; fi les mouvemens qu'il veut imprimer font faux ou impoffibles; fi les marches font ou trop vives, ou trop lentes, ou mal dirigées; fi la mefure & *l'enfemble* ne règnent pas; que fais-je? fi l'inftant eft mal choifi, on n'apperçoit que confufion, qu'embarras, que tumulte; tout fe choque, tout fe heurte; il n'y a & il ne peut y avoir ni netteté, ni accord, ni exactitude, ni précifion; & les huées & les fifflets font la jufte récompenfe d'un travail auffi monftrueux & auffi mal entendu. La conduite & la marche d'un grand Ballet bien deffiné exige, Monfieur, des connoiffances, de l'efprit, du goût, de la fineffe, un tact fûr, une prévoyance fage & un coup-d'œil infaillible; & toutes ces qualités ne s'acquièrent pas en déchiffrant & en écrivant la Danfe *chorégraphiquement*; le moment feul détermine la compofition; l'habileté confifte à le faifir & à en profiter heureufement.

T 4

Il eſt cependant de prétendus Maîtres qui compoſent leurs Ballets après
avoir mutilé ceux des autres, à l'aide du
cahier & de certains ſignes qu'ils adoptent, & qui forment pour eux une *Chorégraphie* particulière ; ( car la façon de deſſiner les chemins eſt toujours la même
& ne varie que par les couleurs ) ; mais
rien de plus inſipide & de plus languiſſant qu'un ouvrage médité ſur le papier ;
il ſe reſſent toujours de la contention &
de la peine. Il ſeroit plaiſant de voir un
Maître de Ballets de l'Opéra, un *in-folio*
à la main, ſe caſſer la tête pour remettre
les Ballets des *Indes galantes* ou de quelque autre Opéra chargé de Danſes. Que
de chemins différens ne faudroit-il pas
écrire pour un Ballet nombreux ! Ajoutez
enſuite ſur vingt-quatre chemins, tantôt
réguliers, tantôt irréguliers, tous les pas
compliqués à faire ; & vous aurez, Monſieur, ſi vous le voulez, un écrit très-
ſavant, mais chargé d'une ſi grande abon-

dance & d'un mélange si informe de lignes, de traits , de signes & de caractères, que vos yeux en seront offusqués , & que toutes les lumières que vous espériez d'en tirer seront, pour ainsi dire , absorbées par le noir dont sera tissu ce répertoire. Ne croyez pas au surplus qu'un Maître de Ballets , après avoir composé ceux d'un Opéra à la satisfaction du public, soit obligé nécessairement d'en conserver l'idée précise, pour les remettre cinq ou six ans après. S'il dédaigne un pareil secours, il ne les composera de nouveau qu'avec plus de goût ; il réparera même les fautes qui pouvoient y régner, ( car le souvenir de nos fautes est celui qui s'efface le moins ); & s'il prend le crayon, ce ne fera que pour jeter sur le papier le dessin géométral des formes principales & des figures les plus saillantes ; il négligera sûrement de tracer toutes les routes diverses qui conduisoient à ces formes & qui enchaînoient ces figures ; & il ne perdra pas son temps à écrire les pas , ni les attitudes diverfes qui embelliffoient ces tableaux. Oui , Monfieur , la *Chorégraphie* amortit l'imagination ; elle affoiblit, elle éteint le goût du compofiteur qui en fait ufage ; il eft lourd & froid , il eft incapable d'invention ; de créateur qu'il étoit ou qu'il auroit été , il devient ou il n'eft plus qu'un plagiaire ; il ne produit rien de neuf , & tout fon mérite fe borne à défigurer les productions des autres. Tel eft l'effet de l'engourdiffement & de l'efpèce de léthargie dans lefquelles cette méthode jette l'efprit , que j'ai vu plufieurs Maîtres de Ballets obligés de quitter la répétition , parce qu'ils avoient égaré leur cahier, & qu'ils ne pouvoient faire mouvoir leurs figurans fans avoir fous les yeux le mémorial de ce que les autres avoient compofé. Je le répète , Monfieur , & je le foutiens : rien de plus pernicieux qu'une méthode qui rétrecit nos idées , ou qui ne nous en permet aucunes , à moins qu'on ne fache fe garantir du danger que l'on court en s'y livrant. Du feu, du goût, de l'imagination,

des connoiſſances, voilà ce qui eſt préférable à la *Chorégraphie*; voilà, Monſieur,
ce qui ſuggère une multitude de pas, de
figures, de tableaux & d'attitudes nouvelles; voilà les ſources inépuiſables de
cette variété immenſe qui diſtingue le véritable Artiſte du *Chorégraphe*.

Je ſuis, &c.

## LETTRE XIV.

VOUS exigez de moi, Monfieur, que je vous entretienne de mes Ballets; c’eft avec peine que je cède à vos inftances. Toutes les defcriptions qu’on peut faire de ces fortes d’ouvrages, ont ordinairement deux défauts; elles font au deffous de l’original lorfqu’il eft paffable, ou au deffus lorfqu’il eft médiocre.

On ne peut ni juger d’un cabinet de peinture par le catalogue des tableaux qu’il renferme, ni décider du prix d’un ouvrage de littérature, par la préface ou par le *prof-pectus*. Il en eft de même des Ballets; il faut néceffairement les voir, & les voir plufieurs fois. Un homme d’efprit fera d’excellens programmes & fournira à un Peintre les plus grandes idées; mais le mérite confifte dans la diftribution & dans l’exécution. Qu’on ouvre le *Taffe*, l’*Ariofte* & quantité d’auteurs du même genre,

on y puifera des fujets admirables à la lecture ; rien ne coûtera fur le papier ; les
idées fe multiplieront, tout fera facile, &
quelques mots arrangés avec art préfente-
ront à l'imagination une foule de chofes
agréables, mais qui ne feront plus telles
dès que l'on effaiera de les rendre ; & c'eft
alors que l'Artifte connoîtra l'immenfité
de la diftance du projet à l'exécution.

Je vais fatisfaire néanmoins votre curiofité, dans la perfuafion où je fuis que
vous ne me jugerez pas fur l'efquiffe mal
crayonnée de quelques Ballets reçus par le
public avec des applaudiffemens, qui ne
m'ont point fait oublier que fon indulgence fut toujours fort au deffus de mes
talens.

Je fuis très-éloigné de prétendre que
mes productions foient des chefs-d'œuvre ;
des fuffrages flatteurs pourroient me perfuader qu'elles ont quelque mérite, mais
je fuis encore plus convaincu qu'elles ne
font pas fans défaut. Quoi qu'il en foit, &
ce peu de mérite & ces défauts m'appar-

tiennent entièrement. Jamais je n'ai eu
fous les yeux ces modèles excellens qui
élèvent & qui infpirent. Si j'euffe été à portée de voir , peut-être aurois - je pu faifir.
J'aurois du moins étudié l'art d'ajufter &
d'accommoder à mes traits les [agrémens
des autres ; & je me ferois efforcé de me
les rendre propres , ou du moins de m'en
parer fans devenir ridicule. Cette privation d'objets inftructifs a cependant excité
en moi une émulation vive dont je n'aurois
pas été peut-être animé , fi j'avois eu la facilité de n'être qu'un imitateur froid & fervile. La nature eft le feul modèle que j'aie
envifagé, & que je me fois propofé de fuivre. Si mon imagination m'égare quelquefois , le goût, ou fi l'on veut, une forte
d'inftinct m'éclaire fur mes écarts & me
rappelle au vrai. Je détruis fans regret
ce que j'ai créé avec le plus de peine , &
mes ouvrages ne m'attachent que lorfqu'ils
m'affectent véritablement. Il n'en eft point,
Monfieur , qui me fatiguent autant que la
compofition des Ballets de certains Opéra,

Les *paffepieds* & les *menuets* me tuent ; la monotonie de la mufique m'engourdit, & je deviens auffi pauvre qu'elle.Une mufique au contraire expreffive, harmonieufe & variée, telle que celle fur laquelle j'ai travaillé (1) depuis quelque temps, me fuggère mille idées & mille traits ; elle me tranfporte, elle m'élève, elle m'enflamme ; & je dois aux différentes impreffions qu'elle m'a fait éprouver & qui ont paffé jufques dans mon ame, l'accord, l'*enfemble*, le *faillant*, le *neuf*, le feu, & cette multitude de caractères frappans & finguliers que des juges impartiaux ont cru pouvoir remarquer dans mes Ballets; effets naturels de la mufique fur la Danfe, & de la Danfe fur la mufique, lorfque les deux Artiftes fe concilient, & lorfque les deux arts fe marient,

---

(1) Cette mufique eft de M. *Granier*, accompagnateur du Concert de Lyon ; & je dois ici lui rendre la juftice qui lui eft due, en affurant qu'il eft peu de Muficiens auffi capables d'approprier fa compofition à tous les genres de Ballets, & de mouvoir le génie des hommes faits pour fentir & pour connoitre.

se réuniffent, & se prêtent mutuellement
des charmes pour séduire & pour plaire.

Il feroit inutile sans doute de vous entrenir
des *Métamorphofes Chinoifes*, des *Réjouiffances Flamandes*, de la *Mariée de village*,
des *Fêtes du vauxhall*, des *Recrues pruf-
fiennes*, du *Bal paré*, & d'un nombre confidérable, peut-être trop grand, de Ballets
comiques prefque dénués d'intrigue, deftinés uniquement à l'amufement des yeux,
& dont tout le mérite confifte dans la nouveauté des formes, dans la variété & dans
le brillant des figures. Je ne me propofe
point auffi de vous parler de ceux que j'ai
cru devoir traiter dans le grand, tels que
les Ballets que j'ai intitulés la *Mort d'Ajax*,
le *Jugement de Pâris*, la *Defcente d'Orphée
aux enfers*, *Renaud & Armide*, &c. Et je
me tairai même encore fur ceux de la *Fon-
taine de Jouvence* & des *Caprices de Galathée* (1). Perfuadé de vos bontés & de l'in-

______

(1) Cette Galathée eft la meme que celle dont *Horace*
parle dans le portrait qu'il fait d'une jeune beauté, à laquelle un amant tente de dérober un baifer.

térêt

térêt que vous voulez bien prendre à tout ce qui me touche, je pense, Monsieur, que la description des ouvrages qui me doivent entièrement le jour, & que vous pouvez regarder comme le fruit unique de mon imagination, vous plaira davantage ;

---

*Boileau* a traduit ainsi dans notre langue les vers de ce Poète :

> *Qui mollement résiste, & par un doux caprice,*
> *Quelquefois le refuse afin qu'on le ravisse.*

Ce Ballet a eu d'autant plus de succès, que l'on ne s'é-toit pas imaginé que la pantomime gaie pût être associée au genre sérieux. *Galathée* désespère continuellement deux bergers par ses caprices ; elle accepte leurs dons avec transport, elle les rejette bientôt avec mépris. Ces mêmes caprices ont toujours diverses nuances & diverses grada-tions : les Bergers feignent d'adresser leurs vœux à une autre Bergère, & de lui offrir les présens destinés à celle qu'ils aiment. *Galathée*, par un sentiment de jalousie, arrache des mains de sa rivale les dons qu'elle vient de recevoir ; elle s'en pare un instant, elle les jette de nou-veau. Sa rivale veut les reprendre ; la jalousie renait : *Ga-lathée* la devance, & s'en saisit encore pour les jeter de même. Alors les Bergers abandonnent *Galathée* pour la rappeler à eux ; ils affectent dans un pas-de-quatre de la

V

& je commence par celui de la *Toilette de Vénus* ou des *Ruſes de l'Amour*, Ballet héroï-pantomime.

Le théâtre repréſente un *ſallon* voluptueux; Vénus eſt à ſa toilette & dans le déshabillé le plus galant; les Jeux & les Plaiſirs lui préſentent à l'envi tout ce qui peut ſervir à ſa parure; les Graces arrangent ſes cheveux; l'Amour lace un de ſes brodequins; de jeunes Nymphes ſont occupées, les unes à compoſer des guirlandes, les autres à arranger un caſque pour l'Amour; celles-ci, à placer des fleurs ſur l'habit & ſur la *mante* qui doit ſervir

---

dédaigner & de paroître fortement épris de l'autre Bergère. La capricieuſe humiliée ſe livre au chagrin & à la douleur; mais par une ſuite naturelle de ſa légéreté & de ſon humeur, elle paſſe ſubitement de cet excès de triſteſſe à la joie la plus vive & la plus immodérée. Ces tranſitions ſoudaines, ces mouvemens divers, cette alternative continuelle de tendreſſe & d'indifférence, de douleur & de plaiſir, de ſenſibilité & de froideur, ont été le ſujet d'une foule de tableaux qui tous ont paru également intéreſſans & d'un goût véritablement neuf.

d'ornement à fa mère. La toilette finie, Vénus fe retourne du côté de fon fils, elle femble le confulter : le petit Dieu applaudit à fa beauté, il fe jette avec tranfport dans fes bras ; & cette première fcène offre ce que la volupté, la coquetterie & les graces ont de plus féduifant.

La feconde eft uniquement employée à l'habillement de Vénus ; les Graces fe chargent de fon ajuftement ; une partie des Nymphes s'occupe à ranger la toilette, pendant que les autres apportent aux Graces les ajuftemens néceffaires ; les Jeux & les Plaifirs, non moins empreffés à fervir la Déeffe, tiennent, ceux-ci la boîte à rouge, ceux-là la boîte à mouches, le bouquet, le collier, les bracelets, &c. L'Amour, dans une attitude élégante, fe faifit du miroir, & voltige ainfi continuellement autour des Nymphes, qui, pour fe venger de fa légéreté, lui arrachent fon carquois & fon bandeau : il les pourfuit, mais il eft arrêté dans fa courfe par trois de ces mêmes Nymphes qui lui préfentent fon cafque

& un miroir ; il fe couvre, il fe mire ; il vole dans les bras de fa mère, & il médite en foupirant le deffein de fe venger de l'efpèce d'offenfe qui lui a été faite : il fupplie, il preffe Vénus de l'aider dans fon entreprife, en difpofant leur ame à la tendreffe par la peinture de tout ce que la volupté offre de plus touchant. Vénus alors déploie toutes fes graces ; fes mouvemens, fes attitudes, fes regards font l'image des plaifirs de l'amour même. Les Nymphes vivement émues s'efforcent de l'imiter, & de faifir toutes les nuances qu'elle emploie pour les féduire. L'Amour, témoin de l'impreffion, profite de l'inftant ; il leur porte le dernier coup ; & dans une entrée générale, il leur fait peindre toutes les paffions qu'il infpire. Leur trouble accroît & augmente fans ceffe ; de la tendreffe elles paffent à la jaloufie, de la jaloufie à la fureur, de la fureur à l'abattement, de l'abattement à l'inconftance ; elles éprouvent, en un mot, fucceffivement tous les fentimens divers dont l'ame peut être agitée, & il les rappelle toujours à celui du bonheur. Ce Dieu fatisfait & content de fa victoire, cherche à fe féparer d'elles; il les fuit, elles le fuivent avec ardeur; mais il s'échappe & difparoît ainfi que fa mère & les Graces; & les Nymphes courent & volent après le plaifir qui les fuit.

Cette fcène, Monfieur, perd tout à la lecture; vous ne voyez ni la Déeffe, ni le Dieu, ni leur fuite, vous ne diftinguez rien; & dans l'impoffibilité où je fuis de rendre ce que les traits, la phyfionomie, les regards & les mouvemens des Nym-phes exprimoient fi bien, vous n'avez & je ne vous donne ici que l'idée la plus im-parfaite & la plus foible de l'action la plus vive & la plus variée.

Celle qui la fuit lie l'intrigue. L'Amour paroît feul; d'un gefte & d'un regard il anime la nature. Les lieux changent; ils repréfentent une forêt vafte & fombre; les Nymphes qui n'ont point perdu le Dieu de vue entrent précipitamment fur la fcène; mais quelle eft leur crainte! Elles ne voient ni Vénus, ni les Graces ; l'obscurité de la forêt, le silence qui y règne, les glacent d'effroi. Elles reculent en tremblant ; l'Amour aussitôt les rassure, il les invite à le suivre ; les Nymphes s'abandonnent à lui ; il semble les défier par une course légère. Elles courent après lui ; mais à la faveur de plusieurs feintes, il leur échappe toujours, & dans l'instant où il paroît être dans l'embarras le plus grand & où les Nymphes croient l'arrêter, il fuit comme un trait, & il est remplacé avec promptitude par douze Faunes. Ce changement subit & imprévu fait un effet d'autant plus grand, que rien n'est aussi frappant que le contraste qui résulte de la situation des Nymphes & des Faunes. Les Nymphes offrent l'image de l'innocence ; les Faunes, celle de la férocité. Les attitudes de ceux-ci sont pleines de fierté & de vigueur ; les positions de celles-là n'expriment que la frayeur qu'inspire le danger. Les Faunes poursuivent les Nymphes qui fuient devant eux, mais ils s'en saisissent bientôt. Quelques-unes d'entre elles, profitant cependant d'un inftant de méfintelligence que l'ardeur de vaincre a jeté parmi eux, prennent la fuite & leur échappent; il n'en refte que fix aux douze Faunes; alors ils s'en difputent la conquête, nul d'entre eux ne veut confentir au partage, & la fureur fuccédant bientôt à la jaloufie, ils luttent & combattent. Celles-ci tremblantes & effrayées paffent à chaque inftant des mains des uns dans les mains des autres; car ils font tour-à-tour vainqueurs & vaincus. Cependant au moment où les combattans paroiffent n'être occupés que de la défaite de leurs rivaux, elles tentent de s'échapper. Six Faunes s'élancent après elles & ne peuvent les arrêter, parce qu'ils font eux-mêmes retenus par leurs adverfaires qui les pourfuivent. Leur colère s'irrite alors de plus en plus. Chacun court aux arbres de la forêt; ils en arrachent des branches avec fureur, & ils fe portent de part & d'autre des coups terribles. Leur adreffe à les parer étant égale,

ils jettent loin d'eux ces inutiles inftrumens
de leur vengeance & de leur rage; & s'élan-
çant avec impétuofité les uns fur les autres, ils luttent avec un acharnement qui
tient du délire & du défefpoir ; ils fe faififfent, fe terraffent, s'enlèvent de terre,
fe ferrent, s'étouffent, fe preffent & fe
frappent, & ce combat n'offre pas un feul
inftant qui ne foit un tableau. Six de ces
Faunes font enfin victorieux; ils foulent
d'un pied leurs ennemis terraffés & lèvent
le bras pour leur porter le dernier coup,
lorfque fix Nymphes conduites par l'A-
mour les arrêtent, & leur préfentent une
couronne de fleurs. Leurs compagnes, fenfibles à la honte & à l'abattement des vaincus, laiffent tomber à leurs pieds celles
qu'elles leur deftinoient : ceux - ci, dans
une attitude qui peint ce que la douleur
& l'accablement ont de plus affreux, font
immobiles ; leur tête eft abattue, leurs
yeux font fixés fur la terre. Vénus & les
Graces touchées de leurs peines, engagent
l'Amour à leur être propice : ce Dieu vol-

tige autour d'eux, & d'un fouffle léger il les ranime & les rappelle à la vie : on les voit lever infenfiblement des bras mourans & invoquer le fils de Vénus, qui , par fes attitudes & fes regards , leur donne , pour ainfi dire, une nouvelle exiftence. A peine en jouiffent-ils , qu'ils apperçoivent leurs ennemis occupés de leur bonheur & folatrant autour des Nymphes. Un nouveau dépit s'empare d'eux ; leurs yeux étincellent de feu ; ils les attaquent , les combattent, & en triomphent à leur tour : peu contens de cette victoire s'ils n'en emportent des trophées , ils leur enlèvent & leur arrachent les couronnes de fleurs dont ils fe glorifioient ; mais par un charme de l'Amour , ces couronnes fe partagent en deux : cet évènement rétablit parmi eux la paix & la tranquillité ; les nouveaux vainqueurs & les nouveaux vaincus reçoivent également le prix de la victoire ; les Nymphes préfentent la main à ceux qui viennent de fuccomber , & l'Amour unit enfin les Nymphes aux Faunes. Là , le Ballet

fymétrique commence ; les beautés mécaniques de l'art fe déploient fur une
grande *chaconne*, dans laquelle l'Amour,
Vénus, les Graces, les Jeux & les Plaifirs
danfent les principaux morceaux. Ici je
pouvois craindre le ralentiffement de l'action ; mais j'ai faifi l'inftant où Vénus ayant
enchaîné l'Amour avec des fleurs, le mène
en leffe pour l'empêcher de fuivre une des
Graces à laquelle il s'attache ; & pendant
ce pas plein d'expreffion, les Plaifirs & les
Jeux entraînent les Nymphes dans la forêt.
Les Faunes les fuivent avec empreffement;
& pour fauver les bienféances, & ne pas
rendre trop fenfibles les remarques que
l'Amour fait faire à fa mère fur cette dif-
parition, je fais rentrer un inftant après
ces mêmes Nymphes & ces mêmes Faunes.
L'expreffion de ceux-ci, l'air fatisfait de
celles-là peignent avec des couleurs ménagées dans un paffage bien exprimé de la
*chaconne*, les tableaux de la volupté *colo-
riés* par le fentiment & la décence.

Ce Ballet, Monfieur, eft d'une action

chaude & toujours générale. Il a fait, & je puis m'en glorifier, une fenfation que la Danfe n'avoit pas produite jufqu'alors. Ce fuccès m'a engagé à abandonner le genre auquel je m'étois attaché, moins, je l'avoue, par goût & par connoiffance, que par habitude. Je me fuis livré dès cet inftant à la Danfe expreffive & en action; je me fuis attaché à peindre dans une manière plus grande & moins *léchée*; & j'ai fenti que je m'étois trompé groffiérement en imaginant que la Danfe n'étoit faite que pour les yeux, & que cet organe étoit la barrière où fe bornoit fa puiffance & fon étendue. Perfuadé qu'elle peut aller plus loin, qu'elle a des droits inconteftables fur le cœur & fur l'ame, je m'efforcerai déformais de la faire jouir de tous fes avantages.

Les Faunes étoient fans *tonnelets*, & les Nymphes, Vénus & les Graces fans paniers : j'avois profcrit les mafques, qui fe feroient oppofés à toute expreffion. La méthode de M. *Garrick* m'a été d'un grand fecours : on lifoit dans les yeux & fur la phyfionomie de mes Faunes, tous les mouvemens des paffions qui les agitoient. Une laçure & une efpèce de chauffure imitant de l'écorce d'arbre, m'avoient femblé préférables à des efcarpins; point de bas ni de gants blancs, j'en avois afforti la couleur à la teinte de la carnation de ces habitans des forêts; une fimple draperie de peau de tigre couvroit une partie de leur corps, tout le refte paroiffoit nu; & pour que le *coftume* n'eût pas un air trop dur, & ne contraftât pas trop avec l'habillement élégant des Nymphes, j'avois fait jeter fur les draperies une guirlande de feuillage mêlée de fleurs.

J'avois encore imaginé des filences dans la mufique, & ces filences produifoient l'effet le plus flatteur : l'oreille du fpectateur ceffant tout d'un coup d'être frappée par l'harmonie, fon œil embraffoit avec plus d'attention tous les détails des tableaux, la pofition & le deffin des *groupes*, l'expreffion des têtes & les différentes parties de l'en-

*femble* ; rien n'échappoit à fes regards. Cette fufpenfion dans la mufique & dans les mouvemens du corps , répand un calme & un beau jour ; elle fait fortir avec plus de feu les morceaux qui la fuivent : ce font des ombres qui , ménagées avec art & dif-tribuées avec goût , donnent un nouveau prix & une valeur réelle à toutes les parties de la compofition : mais le talent confifte à les employer avec économie : elles de-viendroient aufli funeftes à la Danfe qu'elles le font quelquefois à la peinture , lorfqu'on en abufe.

Paffons aux *Fêtes* ou aux *Jaloufies du Sérail*. Ce Ballet & celui dont je viens de vous parler, ont partagé le goût public ; ils font néanmoins dans un genre abfolu-ment oppofé , & ne peuvent être mis en comparaifon l'un & l'autre.

Le théâtre repréfente une des parties du férail ; un périftyle orné de cafcades & de jets d'eau, forme *l'avant-fcène*. Le fond du théâtre offre une colonade circu-laire en charmille ; les intervalles de cette colonade font couronnés de guirlandes de fleurs, & enrichis de *groupes* & de jets d'eau. Le morceau le plus éloigné qui termine la décoration, préfente une cafcade de plufieurs nappes, qui fe perd dans un baffin, & qui laiffe découvrir derrière elle un payfage & un lointain. Les femmes du férail font placées fur de riches fophas & fur des carreaux; elles s'occupent à différens ouvrages en ufage chez les Turcs.

Des Eunuques blancs & des Eunuques noirs fuperbement habillés, paroiffent & préfentent aux Sultanes le forbet, le café; d'autres s'empreffent de leur offrir des fleurs, des fruits & des parfums. Une d'entre elles, plus occupée d'elle - même que fes compagnes, refufe tout pour avoir un miroir; un efclave lui en préfente un. Elle fe mire, elle s'examine avec complaifance; elle arrange fes geftes, fes attitudes & fa démarche. Ses compagnes jaloufes de fes graces, cherchent à imiter tous fes mouvemens, & de là naiffent plufieurs *entrées*, tant générales que particulières, qui ne peignent que la volupté, & le defir ardent que toutes ont également de plaire à leur maître.

Aux charmes d'une mufique tendre & du murmure des eaux, fuccède un air fier & marqué, danfé par des Muets, par des Eunuques noirs & des Eunuques blancs qui annoncent l'arrivée du *Grand-Seigneur*.

Il entre avec précipitation, fuivi de l'Aga, d'une foule de Janiffaires, de plufieurs Boftangis & de quatre Nains. Dans cet inftant les Eunuques & les Muets tombent à genoux ; toutes les femmes s'inclinent, & les Nains lui offrent dans des corbeilles des fleurs & des fruits. Il choifit un bouquet, & il ordonne, par un feul gefte, à tous les efclaves de difparoître.

Le *Grand-Seigneur* feul au milieu de fes femmes, femble indéterminé fur le choix qu'il doit faire ; il fe promène autour d'elles avec cet air indécis que donne la multiplicité des objets aimables. Toutes ces femmes s'efforcent de captiver fon cœur, mais *Zaïre* & *Zaïde* femblent devoir obtenir la préférence. Il présente le bouquet à *Zaïde;* & dans l'instant qu'elle l'accepte, un regard de *Zaïre* suspend son choix : il l'examine, il promène de nouveau ses regards, il revient ensuite à *Zaïde* ; mais un sourire enchanteur de *Zaïre* le décide entiérement. Il lui donne le bouquet; elle l'accepte avec transport. Les autres Sultanes peignent par leurs attitudes le dépit & la jalousie. *Zaïre* jouit malignement de la confusion de ses compagnes & de l'abattement de sa rivale. Le Sultan s'appercevant de l'impression que son choix vient de faire sur l'esprit des femmes du sérail, & voulant ajouter au triomphe de *Zaïre*, ordonne à *Fatime*, à *Zima* & à *Zaïde* d'attacher à la Sultane favorite le bouquet dont il l'a décorée. Elles obéissent à regret; & malgré l'empressement avec lequel elles semblent se rendre aux ordres du Sultan, elles laissent échapper des mouvemens de dépit & de désespoir, qu'elles étouffent en apparence lorsqu'elles rencontrent les yeux de leur maître.

Le

Le Sultan danse un *pas-de-deux* voluptueux avec *Zaïre*, & se retire avec elle.

*Zaïde*, à qui le *Grand-Seigneur* avoit feint de présenter le bouquet, confuse & désespérée, se livre, dans une *entrée seule*, à la rage & au dépit le plus affreux. Elle tire son poignard, elle veut s'arracher la vie; mais ses compagnes arrêtent son bras & se hâtent de la détourner de ce dessein barbare.

*Zaïde* est prête à se rendre lorsque *Zaïre* reparoît avec fierté; sa présence rappelle sa rivale à toute sa fureur; celle-ci s'élance avec précipitation sur elle pour lui porter le coup qu'elle se destinoit; *Zaïre* l'esquive adroitement; elle se saisit de ce même poignard, & lève le bras pour en frapper *Zaïde*. Les femmes du sérail se partagent alors, elles accourent à l'une & à l'autre; *Zaïde* désarmée profite de l'instant où son ennemie a le bras arrêté, elle se jette sur le poignard que *Zaïre* porte à son côté pour s'en servir contre elle; mais les Sul-

X

tanes, attentives à leur conſervation, parent le coup. Dans l'inſtant les Eunuques appelés par le bruit entrent dans le ſérail; ils voient le combat engagé de façon à leur faire craindre de ne pouvoir rétablir la paix, & ils ſortent précipitamment pour avertir le Sultan. Les Sultanes dans ce moment entraînent & ſéparent les deux rivales qui font des efforts incroyables pour ſe dégager; elles y réuſſiſſent. A peine ſont-elles libres, qu'elles s'élancent l'une ſur l'autre avec fureur. Toutes les femmes effrayées volent entre elles pour arrêter leurs coups. Dans le moment le Sultan ſe préſente : le changement que produit ſon arrivée eſt un coup de théâtre frappant. Le plaiſir & la tendreſſe ſuccèdent ſur le champ à la douleur & à la rage. *Zaïre* loin de ſe plaindre, montre par une généroſité ordinaire aux belles ames, un air de ſérénité qui raſſure le Sultan, & qui calme les craintes qu'il avoit de perdre l'objet de ſa tendreſſe. Ce calme fait renaître la joie dans le ſérail, & le *Grand-Seigneur* permet alors aux Eunuques de donner une fête à *Zaïre* ; la Danse devient générale.

Dans un *pas-de-deux*, *Zaïre* & *Zaïde* se réconcilient. Le *Grand-Seigneur* danse avec elles un *pas-de-trois*, dans lequel il marque toujours une préférence décidée pour *Zaïre*.

Cette fête est terminée par une contre-danse noble. La dernière figure offre un *groupe* posé sur un trône élevé sur des gradins ; il est composé des femmes du sérail & du *Grand-Seigneur* ; *Zaïre* & *Zaïde* sont assises à ses côtés. Ce *groupe* est couronné par un grand baldaquin dont les rideaux sont supportés par des esclaves. Les deux côtés du théâtre offrent un autre *groupe* de Bostangis, d'Eunuques blancs, d'Eunuques noirs, de Muets, de Janissaires & de Nains prosternés aux pieds du trône du *Grand-Seigneur*.

Voilà, Monsieur, une description bien foible d'un enchaînement de scènes qui toutes intéressent réellement. L'instant où le *Grand - Seigneur* se décide, celui où il

emmène la Sultane favorite, le combat des femmes, le *groupe* qu'elles forment à l'arrivée du Sultan, ce changement fubit, cette oppofition de fentimens, cet amour que toutes les femmes témoignent pour elles-mêmes & qu'elles expriment toutes différemment, font autant de contraftes que je ne peux vous faire faifir. Je fuis dans la même impuiffance relativement aux fcènes fimultanées que j'avois placées dans ce Ballet. La *pantomime* eft un trait, les tableaux qui en réfultent font rapides comme l'éclair; ils ne durent qu'un inftant & font auffitôt place à d'autres. Or, Monfieur, dans un Ballet bien conçu il faut peu de dialogues & peu de momens tranquilles; le cœur doit y être toujours agité. Ainfi, comment décrire l'expreffion vive du fentiment & l'action animée de la *pantomime?* C'eft à l'ame à peindre, & c'eft à l'ame à faifir le tableau.

L'action des Ballets dont je viens de vous parler eft bien moins longue à l'exécution qu'à la lecture. Des fignes extérieurs qui annoncent un fentiment deviennent froids & languiffans, s'ils ne font fubitement fuivis d'autres fignes indicatifs de quelques nouvelles paffions qui lui fuccèdent ; encore eft-il néceffaire de divifer l'action entre plufieurs perfonnages ; une même altération, des mêmes efforts, des mêmes mouvemens, une agitation toujours continuelle fatigueroient & ennuieroient enfin & l'acteur & le fpectateur; il importe donc d'éviter les longueurs, fi l'on veut laiffer à l'expreffion la force qu'elle doit avoir, aux geftes leur énergie, à la phyfionomie fon ton, aux yeux leur éloquence, aux attitudes & aux pofitions leurs graces & leur vérité.

Le Ballet des *Fêtes* ou des *Jaloufies du Sérail*, diront peut-être les critiques verfés dans la lecture des romans, péche contre le *coftume* & les ufages des Levantins; ils trouveront qu'il eft ridicule d'introduire des Janiffaires & des Boftangis dans la partie du férail deftinée aux femmes du *Grand-Seigneur*, & ils objecteront encore qu'il n'y a point de Nains à Conftantinople, & que le *Grand - Seigneur* ne les aime pas.

Je conviendrai de la justesse de leurs observations & de l'étendue de leurs connoissances ; mais je leur répondrai que si mes idées ont choqué la vérité, elles n'ont point blessé la vraisemblance ; & dès - lors j'aurai eu raison de recourir à des licences nécessaires que tous les Auteurs se font permises dans des ouvrages bien plus importans que des Ballets.

En s'attachant scrupuleusement à peindre le caractère, les mœurs & les usages de certaines nations , les tableaux seroient souvent d'une composition pauvre & monotone : aussi y auroit-il de l'injustice à condamner un Peintre sur les licences ingénieuses qu'il auroit prises, si ces mêmes licences contribuoient à la perfection , à la variété & à l'élégance de ses tableaux.

Lorsque les caractères sont soutenus, que celui de la nation qu'on représente n'est point altéré, & que la nature ne se perd pas sous des embellissemens qui lui sont étrangers & qui la dégradent ; lorsqu'enfin l'expreſſion du ſentiment eſt fidèle, que le *coloris* eſt vrai, que le *clair-obſcur* eſt ménagé avec art, que les poſitions ſont nobles, que les *groupes* ſont ingénieux, que les *maſſes* ſont belles & que le deſſin eſt correct, le tableau dès-lors eſt excellent & produit ſon effet.

Je crois, Monſieur, qu'une fête Turque ou Chinoiſe ne plairoit point à notre nation, ſi on n'avoit l'art de l'embellir ; & je ſuis perſuadé que la manière de danſer de ces peuples ne ſeroit point en droit de ſéduire : ce *coſtume* exact & cette imitation n'offriroient qu'un ſpectacle très-plat, & peu digne d'un public qui n'applaudit qu'autant que les Artiſtes ont l'art d'aſſocier la délicateſſe & le goût aux différentes productions qu'on lui préſente.

Si ceux qui m'ont critiqué ſur la prétendue licence que j'avois priſe d'introduire des Boſtangis & des Janiſſaires au Sérail, avoient été témoins de l'exécution, de la diſtribution & de la marche de mon Ballet, ils auroient vu que ces perſonnages, qui les ont bleſſés à cent lieues d'éloignement, n'entroient point dans la partie du ſérail où ſe tiennent les Femmes ; qu'ils ne paroiſſoient que dans le jardin, & que je ne les avois aſſociés à cette ſcène que pour faire cortège, & pour rendre l'arrivée du *Grand-Seigneur* plus impoſante & plus majeſtueuſe.

Au reſte, Monſieur, une critique qui ne porte que ſur un programme, tombe d'elle-même, parce qu'elle n'eſt appuyée ſur rien. On prononce ſur le mérite d'un Peintre d'après ſes tableaux & non d'après ſon *ſtyle* ; on doit prononcer de même ſur celui du Maître de Ballets d'après l'effet des *groupes*, des ſituations, des coups de théâtre, des figures ingénieuſes, des formes ſaillantes & de *l'enſemble* qui règnent dans ſon ouvrage. Juger de nos productions ſans les voir, c'eſt croire pouvoir décider d'un objet ſans lumières.

Je ſuis, &c.

# LETTRE DERNIERE.

Encore deux Ballets, Monsieur, & mon objet sera rempli, car il est temps que je finisse. J'en ai dit assez pour vous persuader de toutes les difficultés d'un art qui n'est aisé que pour ceux qui n'approfondissent rien, & qui imaginent que l'action de s'élever de terre d'un pouce plus haut que les autres, ou l'idée de quelques *moulinets* ou de quelques *ronds*, doivent leur attirer tous les suffrages. Dans quelque genre que ce soit, plus on approfondit, plus les obstacles se multiplient, & plus le but auquel on s'efforce d'atteindre paroît s'éloigner. Aussi, Monsieur, le travail le plus opiniâtre n'offre-t-il aux plus grands Artistes qu'une lumière souvent importune qui les éclaire sur leur insuffisance, tandis que l'ignorant, satisfait de lui-même au milieu des ténèbres les plus épaisses, croit qu'il n'eſt abſolument rien au-delà de ce qu'il ſe flatte de ſavoir.

Le Ballet dont je vais vous entretenir a pour titre l'*Amour Corſaire*, ou l'*Embarquement pour Cythère*. La ſcène ſe paſſe ſur le bord de la mer dans l'Iſle de *Miſogyne*. Quelques àrbres inconnus dans nos climats embelliſſent cette iſle. D'un côté du théâtre on apperçoit un autel antique élevé à la Divinité que les habitans adorent; une ſtatue repréſentant un homme qui plonge un poignard dans le ſein d'une femme, eſt élevée au deſſus de l'autel. Les habitans de cette iſle ſont cruels & barbares; leur coutume eſt d'immoler à leur Divinité toutes les femmes jetées malheureuſement pour elles ſur ces côtes. Ils impoſent la même loi à tous les hommes qui échappent à la fureur des flots. Le ſujet de la première ſcène eſt l'admiſſion d'un étranger ſauvé du naufrage. Cet étranger eſt conduit à l'autel, ſur lequel ſont appuyés deux grands Prêtres. Une partie des habitans eſt rangée autour de ce même

autel , tenant dans leurs mains des maffues avec lefquelles ils s'exercent , tandis
que les autres infulaires célèbrent par une
danfe myftérieufe l'arrivée de ce nouveau
profélite. Celui - ci fe voit forcé de promettre folemnellement d'immoler avec le
fer dont on va l'armer , la première femme
qu'un deftin trop cruel portera dans cette
ifle. A peine commence - t - il à proférer
l'affreux ferment dont il frémit lui-même ,
quoiqu'il faffe le vœu dans le fond de fon
cœur de défobéir au nouveau Dieu dont
il embraffe le culte , que la cérémonie eft
interrompue par des cris perçans pouffés
à l'afpect d'une chaloupe que bat une
horrible tempête , & par une danfe **vive**
qui annonce la joie barbare que fait naître
l'efpoir de faifir quelques victimes. On apperçoit dans cette chaloupe une femme &
un homme qui lèvent les mains vers le ciel
& qui demandent du fecours. *Dorval* ( c'eft
le nom de l'étranger ) croit reconnoître à
l'approche de cette chaloupe fa fœur & fon
ami. Il regarde attentivement ; fon cœur

eſt pénétré de plaiſir & de crainte ; il les voit enfin hors de danger : il ſe livre à l'excès d'une ſatisfaction inexprimable ; mais cette ſatisfaction & la joie qu'elle inſpire ſont bientôt balancées par le ſouvenir du lieu terrible qu'il habite , & ce retour funeſte le précipite dans l'abattement & dans la douleur la plus profonde. L'empreſſement qu'il a d'abord témoigné a fait prendre le change & en a impoſé aux *Miſogyniens ;* ils ont cru voir en lui du zèle & un attachement inviolable à leur loi. Cependant *Clairville* & *Conſtance* ( c'eſt le nom des deux amans ) abordent enfin ; la mort eſt peinte ſur leur viſage , leurs yeux s'ouvrent à peine , des cheveux hériſſés annoncent leur effroi. Un teint pâle & mourant peint toute l'horreur du trépas qui s'eſt préſenté mille fois à eux & qu'ils redoutent encore ; mais quelle eſt leur ſurpriſe , lorſqu'ils ſe ſentent étroitement embraſſés ! Ils reconnoiſſent *Dorval,* ils ſe jettent dans ſes bras ; leurs yeux croient à peine ce qu'ils voient ; tous troi ne peuvent fe féparer ; l'excès de leur bonheur eft exprimé par toutes les démonftrations de la joie la plus pure ; ils s'inondent de leurs larmes, & ces larmes font des fignes non équivoques des fentimens divers qui les agitent. Ici leur fituation change. Un fauvage préfente à *Dorval* le poignard qui doit percer le cœur de *Conftance*, & lui ordonne de le lui plonger dans le fein. *Dorval*, indigné d'un ordre auffi barbare, faifit ce fer & veut en frapper le *Mifogynien* ; mais *Conftance* s'échappant des bras de fon amant fufpend le coup que fon frère alloit porter : le fauvage faifit cet inftrument, il défarme *Dorval* & veut percer le fein de celle qui vient de lui fauver la vie. *Clairville* arrête le bras du perfide, il lui arrache le poignard. *Dorval* & *Clairville*, également révoltés de la férocité & de l'inhumanité des habitans de cette ifle, fe rangent du côté de *Conftance* ; ils la tiennent étroitement ferrée dans leurs bras ; leurs corps font un rempart qu'ils oppofent à la bar-

barie de leurs ennemis , & leurs yeux
animés & étincelans de colère, semblent
défier les *Misogyniens*. Ceux-ci, furieux
de cette résistance, ordonnent aux sauvages qui ont des massues, d'arracher la
victime des bras de ces deux étrangers &
de la traîner à l'autel. *Dorval* & *Clairville*
encouragés par le danger, désarment deux
de ces cruels ; ils se livrent au combat avec
fureur & avec audace , & viennent à chaque instant se rallier auprès de *Constance* ;
ils ne la perdent pas un moment de vue.
Celle-ci tremblante & désolée, craignant
de perdre deux objets qui lui sont également chers , s'abandonne au désespoir.
Les sacrificateurs aidés de plusieurs sauvages s'élancent sur elle , & l'entraînent à l'autel. Dans ce moment elle rappelle tout son courage , elle lutte contre eux ; elle se saisit du poignard d'un des
sacrificateurs , elle l'en frappe. Délivrée
pour un instant , elle se jette dans les
bras de son amant & de son frère ; mais
elle en est arrachée. Elle s'échappe de

nouveau & y revole encore. Cependant, ne pouvant réfifter au nombre, *Dorval & Clairville* prefque mourans & accablés font enchaînés ; *Conftance* eft entraînée au pied de cet autel, trône de la barbarie. Le bras fe lève, le coup eft prêt à tomber, lorfqu'un Dieu protecteur des amans arrête le bras du facrificateur, en répandant un charme fur cette ifle, qui en rend tous les habitans immobiles. Cette tranfition des plus grands mouvemens à l'immobilité, produit un effet étonnant. *Conftance* évanouie aux pieds du facrificateur, *Dorval & Clairville* voyant à peine la lumière, font renverfés dans les bras de quelques fauvages (1).

---

(1) Cette fcène, en remontant à l'arrivée de *Conftance* & de *Clairville*, offre une reconnoiffance touchante ; le coup de théâtre qui la fuit eft intéreffant. Ce n'eft point un intérêt particulier qui détermine les combattans. *Conftance* craint moins pour fes jours que pour ceux de fon amant & de fon frère ; ceux-ci veillent moins à leur confervation qu'à celle de *Conftance*. S'ils reçoivent un coup, c'eft pour parer celui que l'on porte à l'objet de leur tendreffe. Cette fcène, longue à la lecture, eft vive & animée à l'exécu-

Le jour devient plus beau, les flots irrités s'abaissent, le calme succède à la tempête, plusieurs Tritons & plusieurs Naïades
folâtrent dans les eaux; un vaisseau riche-
ment orné paroît sur la mer (1).

Il aborde; l'Amour fait jeter l'ancre, il
descend de son bord; les Nymphes, les
Jeux & les Plaisirs le suivent; & en atten-
dant les ordres de ce Dieu, cette troupe
légère se range en bataille. Les *Misogy*-

---

tion; car vous savez qu'il faut moins de temps pour exprimer un sentiment par le geste, qu'il n'en faut pour le
peindre par le discours: ainsi lorsque l'instant est bien choisi,
l'action pantomime est plus chaude, plus animée & plus
intéressante que celle qui résulte d'une scène dialoguée. Je
crois, Monsieur, que celle que je viens de vous montrer
dans une perspective éloignée, porte un caractère auquel
l'humanité ne peut être insensible, & qu'elle est en droit
d'arracher des larmes & de remuer fortement tous ceux
dont le cœur est susceptible de sentiment & de délicatesse.

(1) L'Amour, sous la forme d'un corsaire, le commande; les Jeux & les Plaisirs sont employés aux différentes manœuvres; une troupe de Nymphes vêtues en Amazones sont les soldats qui servent sur ce bord: tout est élégant, tout annonce & caractérise enfin la présence de l'enfant de Cythère.

*niens* reviennent de l'extafe & de l'immobilité dans laquelle l'Amour les avoit
plongés. Un de fes regards rappelle à la
vie *Conflance. Dorval* & *Clairville*, ne
doutant point alors que leur libérateur ne
foit un Dieu, fe profternent à fes pieds.
Les Sauvages irrités de voir leur culte profané, lèvent tous leurs maffues pour maffacrer & les adorateurs & la fuite de l'enfant de Cythère ; ils tournent même leur
rage & leur fureur contre lui ; mais que
peuvent les mortels lorfque l'Amour
commande ? Un feul de fes regards fufpend
tous les bras armés des *Mifogyniens*. Il
ordonne que l'on renverfe leur autel , que
l'on brife leur infâme divinité ; les Jeux
& les Plaifirs obéiffent à fa voix , l'autel
s'ébranle fous leurs coups, la ftatue s'é-
croule & fe rompt par morceaux. Un nouvel autel paroît & prend la place de celui
qui vient d'être détruit. Il eft de marbre
blanc ; des guirlandes de rofes, de jafmins
& de myrtes ajoutent à fon élégance ; des
colonnes fortent de la terre pour orner

Y

cet autel, & un baldaquin artiſtement en-
richi & porté par un *groupe* d'Amours,
deſcend des cieux. Les extrémités en font
ſoutenues par des zéphirs qui les appuient
directement ſur les quatre colonnes qui
entourent l'autel ; les arbres antiques de
cette Iſle diſparoiſſent pour faire place
aux myrtes, aux orangers & aux boſquets
de roſes & de jaſmins.

Les *Miſogyniens* à l'aſpect de leur divinité renverſée & de leur culte profané,
entrent en fureur ; mais l'Amour ne leur
permet de faire éclater leur colère que
par intervalle ; il les arrête toujours lorſqu'ils ſont près de frapper. Les inſtans du
charme qui les rend immobiles, offrent
une multitude de tableaux & de *groupes*
qui diffèrent tous par les poſitions, par la
diſtribution, par la compoſition, mais
qui expriment également ce que la fureur
a de plus affreux. Les tableaux que préſentent les Nymphes ſont d'un goût & d'un
coloris tout oppoſé. Elles ne parent les
coups que les *Miſogyniens* tentent de leur

porter, qu'avec des graces & des regards pleins de tendreffe & de volupté.Cependant l'Amour ordonne à celles-ci de combattre & de vaincre ces Sauvages ; ceux-ci ne font plus qu'une foible réfiftance. S'ils ont la force de lever le bras pour porter un coup, ils n'ont pas le courage de le laiffer tomber. Enfin leurs maffues leur échappent, elles tombent de leurs mains. Vaincus & fans défenfe, ils fe jettent aux genoux de leurs vainqueurs, qui, naturellement tendres, leur accordent leur grace en les enchaînant avec des guirlandes de fleurs. L'Amour fatisfait unit *Clairville* à *Conftance*, les *Mifogyniens* aux Nymphes, & donne à *Dorval Zénéïde*, jeune Nymphe que ce Dieu a pris foin de former. Une marche de triomphe forme l'ouverture de ce Ballet ; les Nymphes mènent en leffe les vaincus ; l'Amour ordonne des fêtes, & le divertiffement général commence. Ce Dieu, *Clairville* & *Conftance*, *Dorval* & *Zénéïde*, les Jeux & les Plaifirs danfent les principaux morceaux. La contre-danfe

noble de ce Ballet ſe dégrade inſenſible-
ment de deux en deux , & tout le monde
ſe place ſucceſſivement ſur le vaiſſeau.
De petits gradins poſés dans des ſens différens & à des hauteurs diverſes ſervent ,
pour ainſi dire , de piédeſtal à cette troupe
amoureuſe , & offrent un grand *groupe*
diſtribué avec élégance ; on lève l'ancre ,
les Zéphirs enflent les voiles , le vaiſſeau
prend le large , & pouſſé par des vents fa-
vorables il vogue vers Cythère (1).

______________

(1) Ce Ballet a été mis avec ſoin & rien n'a été épargné.
Les Nymphes avoient des habits galans dont les corſets
différoient peu de ceux des Amazones. Les vêtemens des Sauvages étoient d'une forme ſingulière & dans des couleurs
entières ; une partie de la poitrine, des bras & des jambes
étoit couleur de chair. L'Amour n'étoit reconnu que par
ſes ailes, & étoit vêtu dans le goût des corſaires brigan-
tins. Les habits des Jeux & des Plaiſirs empruntoient la
forme de ceux des matelots qui ſervent ſur les bâtimens
corſaires, avec cette différence qu'ils étoient plus galans.
*Clairville*, *Dorval* & *Conſtance*, ſans être mis riche-
ment, étoient vêtus de bon goût & convenablement. Un
beau déſordre compoſoit leur parure. Le deſſin des habits
étoit de M. *Boquet*, & la muſique de M. *Granier*. Elle
imitoit les accens de la nature : ſans être d'un chant uniforme, elle étoit harmonieuſe. Il avoit mis enfin l'action

Je vais passer actuellement au *Jaloux sans Rival*, Ballet Espagnol; & je vous préviens d'avance qu'il y a encore des combats & des poignards. On appelle le *Misanthrope*, *l'homme aux rubans verts*; on me nommera peut-être *l'homme aux poignards*. Lorsque l'on réfléchira cependant sur l'art *pantomime*; lorsque l'on examinera les limites étroites qui lui sont prescrites; lorsque l'on considérera enfin son insuffisance dans tout ce qui s'appelle dialogue tranquille, & que l'on se rappellera jusqu'à quel point il est subordonné aux règles de la peinture, qui, comme la *pantomime*, ne peut rendre que des instans, on ne pourra me blâmer de choisir tous ceux qui peuvent, par leurs liaisons & par leurs successions, remuer le cœur & affecter l'ame. Je ne sais si j'ai bien fait de m'attacher à ce genre,

---

en musique; chaque trait étoit une expression qui prêtoit des forces & de l'énergie aux mouvemens de la Danse, & qui en animoit tous les tableaux.

Y 3

mais les larmes que le public a données à plusieurs scènes de mes Ballets, l'émotion vive qu'ils ont causée, me persuadent que si je n'ai point encore atteint le but, du moins ai-je trouvé la route qui peut y conduire. Je ne me flatte point de pouvoir franchir la distance immense qui m'en éloigne & qui m'en sépare; ce succès n'est réservé qu'à ceux à qui le génie prête des ailes; mais j'aurai du moins la satisfaction d'avoir ouvert la voie. Indiquer le chemin qui mène à la perfection, est un avantage qui suffit à quiconque n'a pas eu la force d'y arriver.

*Fernand* est amant d'*Inès*; *Clitandre*, petit-maître François, est amant de *Béatrix*, amie d'*Inès*: voilà les personnages sur lesquels roule toute l'intrigue. *Clitandre*, à propos d'un coup d'échec (1), se brouille vivement avec *Béatrix*.

-----

(1) Quelques choses qu'aient pu dire les petits critiques au sujet de la scène simultanée de M. *Diderot* & de la partie de trictrac jouée dans la première scène du *Pere de Famille*, ce qui la rend plus vraie & plus naturelle, j'ai mis

*Inès* cherche à raccommoder *Clitandre* & *Béatrix* : celle - ci naturellement fière fe retire ; *Clitandre* défefpéré la fuit : ne pouvant obtenir fon pardon, il revient un inftant après, & conjure *Inès* de lui être favorable. Celle-ci lui promet de s'intéreffer en fa faveur, mais elle lui expofe le danger qu'elle court d'être feule avec lui; elle craint la jaloufie de *Fernand*. Le Français toujours pétulant, & plus occupé de fon amour que des inquiétudes d'*Inès*, fe jette à fes genoux pour la preffer de ne point oblier de parler à *Béatrix*. *Fernand* paroît, & fans rien examiner, il s'élance

------

un jeu d'éclec dans mon Ballet. Le théâtre eft ou devroit être le tableau fidèle de la vie humaine : or, tout ce qui fe fait de décent & de permis dans la fociété, peut être jeté fur cette toile ; tant pis pour ceux que le beau fimple ne féduit point ; fi leur cœur eft glacé , & s'il eft infenfible aux images intéreffantes que préfentent des mœurs douces & honnêtes , faut-il qu'un auteur abandonne fes fentimens & renonce fans ceffe à la nature, pour fe livrer à des féeries & à des bambochades ? ou ne peut-on être ému que par un fpectacle continuel de Dieux & de Héros introduits fur la fcène ?

avec fureur fur *Clitandre* ; il lui faifit la main dans l'inftant qu'il baife celle d'*Inès* & qu'elle fait des efforts pour s'en défendre ; & fur le champ il tire un poignard pour le frapper ; mais *Inès* pare le coup, & *Béatrix* attirée par le bruit, couvre de fon corps celui de fon amant. L'Efpagnol dès cet inftant interprète les fentimens d'*Inès* à fon défavantage ; il prend fa compaffion pour de la tendreffe, fes craintes pour de l'amour ; excité par les images que la jaloufie porte dans fon cœur, il fe dégage d'*Inès* & court fur *Clitandre*. La fuite précipitée de celui-ci le fauve du danger ; mais l'Efpagnol au défefpoir de n'avoir pu affouvir fa rage, fe retourne avec promptitude vers *Inès* pour lui porter le coup qu'il deftinoit à fon prétendu rival. Il veut la frapper, mais le mouvement qu'elle fait pour voler au-devant du bras qui la menace, arrête le tranfport du jaloux & lui fait tomber le fer de la main. Un gefte d'*Inès* femble reprocher à fon amant fon injuftice. Défefpérée de furvivre au foupçon qu'il a conçu de fon infidélité, elle tombe fur un fauteuil. *Fernand* toujours jaloux, mais honteux de fa barbarie, fe jette fur un autre fiège. Les deux amans offrent l'image du défefpoir & de l'amour en courroux. Leurs yeux fe cherchent & s'évitent, s'enflamment & s'attendriffent. *Inès* tire une lettre de fon fein, *Fernand* l'imite; chacun y lit les fentimens de l'amour le plus tendre; mais tous deux fe croyant trompés, déchirent avec dépit ces premiers gages de leur amour. Egalement piqués de ces marques de mépris, ils regardent attentivement les portraits qu'ils ont l'un de l'autre, & n'y voyant plus que les traits de l'infidélité & du parjure, ils les jettent à leurs pieds. *Fernand* exprime cependant par fes geftes & fes regards combien ce facrifice lui déchire le cœur; c'eft par un effort violent qu'il fe défait d'un portrait qui lui eft fi cher; il le laiffe tomber, ou pour mieux dire, il le laiffe échapper avec peine de fes mains.

Dans cet inftant il fe jette fur fon fiège, & fe livre à la douleur & au défefpoir.

*Béatrix* témoin de cette fcène, fait alors des efforts pour les raccommoder, & pour les engager l'un & l'autre à s'approcher réciproquement. *Inès* fait les premiers pas ; mais, s'appercevant que *Fernand* ne répond point à fon empreffement, elle prend la fuite : *Béatrix* l'arrête fur le champ ; & l'Efpagnol voyant que fa maîtreffe veut l'éviter, fuit à fon tour avec un air d'accablement & de dépit.

*Béatrix* perfifte, & veut toujours les contraindre à faire la paix. Pour cet effet, elle les oblige à fe donner la main ; ils fe font tirer l'un & l'autre, mais elle parvient enfin à les rapprocher & à les réunir. Elle les confidère enfuite avec un fourire malin. Les deux amans n'ofant encore fe regarder, malgré l'envie qu'ils en ont, fe trouvent dos à dos ; infenfiblement ils fe retournent. *Inès*, par un regard, affure le pardon de *Fernand*, qui lui baife la main avec tranfport ; & ils fe retirent tous trois pénétrés de la joie la plus vive.

*Clitandre* paroît fur la fcène. Son entrée eft un monologue ; elle emprunte fes traits de la crainte & de l'inquiétude. Il cherche fa maîtreffe ; mais appercevant *Fernand*, il fuit avec célérité. Celui-ci témoigne à *Béatrix* fa reconnoiffance ; mais comme rien ne reffemble plus à l'amour que l'amitié, *Inès* qui le furprend tandis qu'il baife la main à *Béatrix*, en prend occafion pour fe venger de la fcène que la jaloufie de fon amant lui a fait ef-fuyer. Elle feint d'être jaloufe à fon tour. L'Efpagnol la croyant réellement affeétée de cette paffion, cherche à la détromper en lui donnant de nouvelles affurances de fa tendreffe ; elle y paroît infenfible, & ne le regardant qu'avec des yeux trou-blés & menaçans, elle lui montre un poi-gnard ; il frémit, il recule de frayeur ; il s'élance pour le lui arracher, mais elle feint de s'en frapper ; elle chancèle & tombe dans les bras de fes fuivantes. A ce

fpeftacle, *Fernand* demeure immobile &
fans fentiment, & n'écoutant foudain que
fon défefpoir, il s'y livre tout entier &
tente de s'arracher la vie. Tous les Efpagnols fe jettent fur lui & le défarment. Furieux, il lutte contre eux & cherche à réfifter à leurs efforts ; il en terraffe plufieurs,
mais accablé par le nombre & par fa douleur, fes forces diminuent infenfiblement,
fes jambes fe dérobent fous lui, fes yeux
s'obfcurciffent & fe ferment, fes traits annoncent la mort, il tombe évanoui dans
les bras des Efpagnols.

*Inès* qui, dans les commencemens de
cette fcène, jouiffoit du plaifir d'une vengeance qu'elle croyoit innocente & dont
elle ne prévoyoit point les fuites, s'appercevant de fes triftes effets, donne les
marques les plus convaincantes de la fin-
cérité de fon repentir ; elle vole à fon
amant, le ferre tendrement dans fes bras,
le prend par la main, & s'efforce de le rappeler à la vie. *Fernand* ouvre les yeux ;
fa vue paroît troublée, il tourne la tête

du côté d'*Inès :* mais quel est son étonnement ! il croit à peine ce qu'il voit ; il ne peut se persuader qu'*Inès* vive encore ; & doutant de son bonheur, il exprime tour-à-tour sa surprise, sa crainte, sa joie, sa tendresse & son ravissement ; il tombe aux genoux de sa maîtresse, qui le reçoit dans ses bras avec les transports de l'amante la plus passionnée.

Les différens événemens que cette scène a produits rendent l'action générale ; le plaisir s'empare de tous les cœurs ; il se manifeste par des Danses où *Fernand*, *Inès*, *Béatrix* & *Clitandre* président. Après plusieurs pas particuliers qui peignent l'enjouement & la volupté, le Ballet est terminé par une contre-danse générale.

Il est aisé de s'appercevoir, Monsieur, que ce Ballet n'est qu'une combinaison des scènes les plus saillantes de plusieurs drames de notre théâtre. Ce sont des tableaux des meilleurs maîtres, que j'ai pris soin de réunir.

Le premier est pris de M. *Diderot.* Le

fecond offre un coup de théâtre de mon imagination, je veux parler de l'inftant où *Fernand* lève le bras fur *Clitandre*. Celui qui le fuit eft tiré de *Mahomet* lorfqu'il veut poignarder *Irene*, & qu'elle lui dit en volant au devant du coup :

Ton bras eft fufpendu ! Qui t'arrête ? Ofe tout ;
Dans un cœur tout à toi laiffe tomber le coup.

La fcène de dépit, les lettres déchirées & les portraits rendus avec mépris, préfentent la fcène du *Dépit amoureux de Moliere*. Le raccommodement de *Fernand* & d'*Inès* n'eft autre chofe que celui de *Mariane* & de *Valere* du *Tartuffe*, ménagés adroitement par *Dorine*. La feinte jaloufie d'*Inès* eft un épifode de pure invention. L'égarement de *Fernand*, fa rage, fa fureur, fon défefpoir & fon accablement font l'image des fureurs d'*Orefte* de l'*Andromaque de Racine*. La reconnoiffance enfin eft celle de *Rhadamifte & Zénobie* de **M.** *Crébillon*. Tout ce qui lie ces tableaux pour n'en former qu'un feul, eft de moi.

Vous voyez , Monsieur , que ce Ballet n’est exactement qu’un essai que j’ai voulu faire pour sonder le goût du public , & pour me convaincre de la possibilité qu’il y a d’associer le genre tragique à la Danse. Tout eut du succès dans ce Ballet, sans en excepter même la scène du dépit, jouée partie assis & partie debout ; elle parut aussi vive, aussi animée & aussi naturelle que toutes les autres. Il y a dix mois que l’on voit ce spectacle & qu’on le voit avec plaisir; effet certain de la Danse en action ; elle paroît toujours nouvelle , parce qu’elle parle à l’ame , & qu’elle intéresse également le cœur & les yeux.

J’ai passé légèrement sur les parties de détail , pour vous épargner l’ennui qu’elles auroient pu vous causer ; & je vais finir par quelques réflexions sur l’entêtement, la négligence & la paresse des Artistes, & sur la facilité du public à céder aux impressions de l’habitude.

Que l’on consulte, Monsieur, tous ceux qui applaudissent indifféremment , & qui

croiroient avoir perdu l'argent qu'ils ont
donné à la porte, s'ils n'avoient frappé des
pieds ou des mains ; qu'on leur demande,
dis-je, comment ils trouvent la Danse &
les Ballets ? » Miraculeux, répondront ils,
» ils font du dernier bien ; & les arts
» agréables font étonnans. « Repréfentez-
leur qu'il y a des changemens à faire, que
la Danse eft froide, que les Ballets n'ont
d'autre mérite que celui du deffin, que
l'expreffion y eft négligée, que la *pantomime* eft inconnue, que les plans font vides
de fens, que l'on s'attache à peindre des
fujets trop minces ou trop vaftes, & qu'il
y auroit une réforme confidérable à faire
au théâtre ; ils vous traiteront de ftupide
& d'infenfé ; ils ne pourront s'imaginer
que la Danse & les Ballets puiffent leur
procurer des plaifirs plus vifs. « Que l'on
» continue, ajouteront-ils, à faire de
» belles pirouettes, de beaux entrechats;
» que l'on fe tienne long-temps fur la
» pointe du pied pour nous avertir des
» difficultés de l'art; qu'on remue toujours
» les

» les jambes avec la même vitesse, & nous
» serons contens. Nous ne voulons point
» de changement ; tout est bien , & l'on
» ne peut rien faire de plus agréable. «
Mais la Danse , poursuivront les Gens de
goût, ne vous cause que des sensations
médiocres , & vous en éprouveriez de
bien plus vives , si cet art étoit porté au
degré de perfection où il peut atteindre.
» Nous ne nous soucions pas , répondront-
» ils, que la Danse & les Ballets nous
» attendrissent, qu'ils nous fassent verser
» des larmes ; nous ne voulons pas que
» cet art nous occupe sérieusement ; le
» raisonnement lui ôteroit ses charmes ;
» c'est moins à l'esprit à diriger ses mou-
» vemens qu'à la folie; le bon sens l'a-
» néantiroit ; nous prétendons rire aux
» Ballets, causer aux tragédies, & parler
» petites maisons, petits soupers & équi-
» pages à la comédie. «

Voilà , Monsieur , un système assez général. Est-il possible que le génie créateur
oit toujours persécuté ? Soyez ami de la

Z

vérité , c'eſt un titre qui révolte tous ceux qui la craignent. M. *de Cahuſac* dévoile les beautés de notre art , il propoſe des embelliſſemens néceſſaires ; il ne veut rien ôter à la Danſe , il ne cherche au contraire qu'à tracer un chemin ſûr dans lequel les Danſeurs ne puiſſent s'égarer ; on dédaigne de le ſuivre. M. *Diderot*, ce philoſophe ami de la nature , c'eſt-à-dire , du vrai & du beau ſimple , cherche également à enrichir la ſcène françoiſe d'un genre qu'il a moins puiſé dans ſon imagination que dans l'humanité ; il voudroit ſubſtituer la *pantomime* aux manières ; le ton de la nature au ton ampoulé de l'art ; les habits ſimples aux colifichets & à l'oripeau ; le vrai au fabuleux ; l'eſprit & le bon ſens au jargon entortillé , à ces petits portraits mal peints qui font grimacer la nature & qui l'enlaidiſſent ; il voudroit , dis - je , que la comédie françoiſe méritât le titre glorieux de l'école des mœurs ; que les contraſtes fuſſent moins choquans & ménagés avec plus d'art; que les vertus enfin n'euſſent pas beſoin d'être oppoſées aux vices pour être aimables & pour ſéduire, parce que ces ombres trop fortes, loin de donner de la valeur aux objets & de les éclairer, les affoibliſſent & les éteignent; mais tous ſes efforts ſont impuiſſans.

Le traité de M. *de Cahuſac* ſur la Danſe eſt auſſi néceſſaire aux Danſeurs, que l'étude de la Chronologie eſt indiſpenſable à ceux qui veulent écrire l'hiſtoire; cependant il a été critiqué des perſonnes de l'art, il a même excité les fades plaiſanteries de ceux qui, par de certaines raiſons, ne pouvoient ni le lire, ni l'entendre. Combien le mot *pantomime* n'a-t-il pas choqué tous ceux qui danſent le ſérieux? Il ſeroit beau, diſoient-ils, de voir danſer ce genre en *pantomime*! Avouez, Monſieur, qu'il faut abſolument ignorer la ſignification du mot, pour tenir un tel langage. J'aimerois autant que l'on me dît: je renonce à l'eſprit; je ne veux point avoir d'ame , je veux être brute toute la vie.

Plufieurs Danfeurs qui fe récrient fur l'impoffibilité qu'il y auroit de joindre la *pantomime* à l'exécution mécanique , & qui n'ont fait aucune tentative ni aucun effort pour y réuffir, attaquoient encore l'ouvrage de M. *de Cahufac* avec des armes bien foibles. Ils lui reprochoient de ne point connoître la mécanique de l'art , & concluoient delà que fes raifonnemens ne portoient fur aucuns principes. Quels dif-cours ! Eft-il befoin de favoir faire la *gargouillade* & l'*entrechat*, pour juger fainement des effets de ce fpectacle , pour fentir ce qui lui manque, & pour indiquer ce qui lui convient ? Faut-il être Danfeur pour s'appercevoir du peu d'efprit qui règne dans un *pas de deux* , des contre-fens qui fe font habituellement dans des Ballets , du peu d'expreffion des exécutans , & de la médiocrité des talens des compofiteurs? Que diroit-on d'un Auteur qui ne voudroit pas fe foumettre au jugement du parterre , parce que ceux qui le compofent n'ont pas tous le talent de faire des vers ?

Si M. *de Cahufac* s'étoit attaché aux pas de la Danfe, aux mouvemens com-paffés des bras, aux enchaînemens & aux mélanges compliqués des temps , il auroit couru les rifques de s'égarer ; mais il a abandonné toutes ces parties groffières à ceux qui n'ont que des jambes & des bras. Ce n'eft pas pour eux qu'il a prétendu écrire , il n'a traité que la poétique de l'art ; il en a faifi l'efprit & le caractère : malheur à tous ceux qui ne peuvent ni le goûter ni l'entendre ! Difons la vérité , le genre qu'il propofe eft difficile , mais en eft-il moins beau ? C'eft le feul qui convienne à la Danfe & qui puiffe l'em-bellir.

Les grands comédiens feront du fenti-ment de M. *Diderot* ; les médiocres fe-ront les feuls qui s'éleveront contre le genre qu'il indique : pourquoi ? c'eft qu'il eft pris dans la nature, c'eft qu'il faut des hommes pour le rendre , & non pas des automates ; c'eſt qu'il exige des perfections qui ne peuvent s'acquérir , ſi l'on n'en porte le germe en ſoi-même , & qu'il n'eſt pas ſeulement queſtion de débiter , mais qu'il faut ſentir vivement & avoir de l'ame.

Il faudroit jouer , diſois-je un jour à un comédien , *le Pere de famille* & *le Fils naturel*. Ils ne feroient point d'effet au théâtre , me répliqua - t - il. Avez-vous lu ces deux drames ? Oui, me répondit - il. Eh bien , n'avez-vous pas été ému ; votre ame n'a - t - elle point été affectée , votre cœur ne s'eſt-il pas attendri , & vos yeux ont-ils pu refuſer des larmes aux tableaux ſimples , mais touchans , que l'Auteur a peints ſi naturellement ? J'ai éprouvé , me dit-il , tous ces mouvemens. Pourquoi donc , lui répondis - je , doutez - vous de l'effet que ces pièces produiroient au théâtre , puiſqu'elles vous ont ſéduit , quoique dégagées des charmes de l'illuſion que leur prêteroit la ſcène , & quoique privées de la nouvelle force qu'elles acquerroient étant jouées par de bons acteurs ? Voilà la difficulté; il feroit rare d'en trouver un grand nombre, continua - t - il, capable de jouer ces pièces : ces fcènes fimultanées feroient embarraffantes à bien rendre ; cette action *pantomime* feroit l'écueil contre lequel la plupart des comédiens échoueroient. La fcène muette eft épineufe, c'eft la pierre de touche de l'acteur. Ces phrafes coupées, ces fens fufpendus, ces foupirs, ces fons à peine articulés demanderoient une vérité, une ame, une expreffion & un efprit qu'il n'eft pas permis à tout le monde d'avoir ; cette fimplicité dans les vêtemens dépouillant l'acteur de l'embelliffement de l'art, le laifferoit voir tel qu'il eft ; fa taille n'étant plus relevée par l'élégance de la parure, il auroit befoin pour plaire de la belle nature ; rien ne mafqueroit fes imperfections, & les yeux du fpectateur n'étant plus éblouis par le clinquant & les colifichets, fe fixeroient entièrement fur le comédien. Je conviens, lui dis-je, que l'uni en tous genres exige de grandes perfections; qu'il ne sied qu'à la beauté d'être simple, & que le déshabillé ajoute même à ses graces; mais ce n'est ni la faute de M. *Diderot* ni celle de M. *de Cahusac*, si les grands talens sont rares; ils ne demandent l'un & l'autre qu'une perfection que l'on pourroit atteindre avec de l'émulation: le genre qu'ils ont tracé est le genre par excellence; il n'emprunte ses traits & ses graces que de la nature.

Si les avis & les conseils de MM. *Diderot* & *de Cahusac* ne sont point suivis; si les routes qu'ils indiquent pour arriver à la perfection sont dédaignées, puis-je me flatter de réussir? Non, sans doute, Monsieur, & il y auroit de la témérité à le penser.

Je sais que la crainte frivole d'innover arrête toujours les Artistes pusillanimes; je n'ignore point encore que l'habitude attache fortement les talens médiocres aux vieilles rubriques de leur profeſſion ; je conçois que l'imitation en tout genre a des charmes qui ſeduiſent tous ceux qui ſont ſans goût & ſans génie ; la raiſon en eſt ſimple, c'eſt qu'il eſt moins difficile de copier que de créer.

Combien de talens égarés par une ſervile imitation ! Combien de diſpoſitions étouffées & d'Artiſtes ignorés, pour avoir quitté le genre & la manière qui leur étoient propres, & pour s'être efforcés de ſaiſir ce qui n'étoit pas fait pour eux ! Combien de comédiens faux & de parodiſtes déteſtables qui ont abandonné les accens de la nature, qui ont renoncé à eux-mêmes, à leur voix, à leur marche, à leurs geſtes & à leur phyſionomie, pour emprunter des organes, un jeu, une prononciation, une démarche, une expreſſion & des traits qui les défigurent, de manière qu'ils n'offrent que la *charge* ridicule des originaux qu'ils ont voulu copier ! Combien de Danſeurs, de Peintres & de Muſiciens ſe ſont perdus en ſuivant cette route facile, mais pernicieuſe, qui meneroit infenfiblement à la deftruction & à l'anéantiffement des arts, fi les fiècles ne produifoient toujours quelques hommes rares qui, prenant la nature pour modèle & le génie pour guide, s'élèvent d'un vol hardi & de leurs propres ailes à la perfection!

Tous ceux qui font fubjugués par l'imitation oublieront toujours la belle nature, pour ne penfer uniquement qu'au modèle qui les frappe & qui les féduit, modèle fouvent imparfait & dont la copie ne peut plaire.

Queftionnez les Artiftes; demandez-leur pourquoi ils ne s'appliquent point à être originaux, & à donner à leur art une forme plus fimple, une expreffion plus vraie, un air plus naturel ; ils vous répondront, pour juftifier leur indolence & leur pareffe, qu'ils craignent de fe donner un ridicule, qu'il y a du danger à innover, à créer ; que le Public eft accoutumé à telle manière, & que s'en écarter ce feroit lui déplaire.

Voilà les raisons sur lesquelles ils se fonderont pour assujettir les arts au caprice & au changement, parce qu'ils ignoreront qu'ils sont enfans de la nature, qu'ils ne doivent suivre qu'elle, & qu'ils doivent être invariables dans les règles qu'elle prescrit. Ils s'efforceront enfin de vous persuader qu'il est plus glorieux de végéter & de languir à l'ombre des originaux qui les éclipsent & qui les écrasent, que de se donner la peine d'être originaux eux-mêmes.

M. *Diderot* n'a eu d'autre but que celui de la perfection du théâtre ; il vouloit ramener à la nature tous les comédiens qui s'en sont écartés. M. *de Cahusac* rappeloit également les Danseurs à la vérité ; mais tout ce qu'ils ont dit a paru faux, parce que tout ce qu'ils ont dit ne présente que les traits de la simplicité. On n'a point voulu convenir qu'il ne falloit que de l'esprit pour mettre en pratique leurs conseils. Peut-on avouer qu'on en manque ? Est-il possible de confeſſer que l'on n'a point d'expreſſion? ce feroit convenir que l'on n'a point d'ame. On dit bien : je n'ai point de poumons; mais je n'ai jamais entendu dire : je n'ai point d'entrailles. Les Danſeurs avouent quelquefois qu'ils n'ont point de vigueur, mais ils n'ont pas la même franchiſe lorſqu'il eſt queſtion de parler de la ſtérilité de leur imagination. Enfin les Maîtres de Ballets articulent avec naïveté qu'ils ne compoſent pas vîte & que leur métier les ennuie; mais ils ne conviennent point qu'ils ennuient à leur tour le ſpectateur, qu'ils ſont froids, diffus, monotones, & qu'ils n'ont point de génie. Tels ſont, Monſieur, la plupart des hommes qui ſe livrent au théâtre; ils ſe croient tous parfaits. Auſſi n'eſt-il pas étonnant que ceux qui ſe ſont efforcés de leur deſſiller les yeux, ſe dégoûtent & ſe repentent même d'avoir tenté leur guériſon.

L'amour-propre eſt dans toutes les conditions & dans tous les états un mal incurable. En vain cherche-t-on à ramener

l'art à la nature, la défertion eft générale ;
il n'eft point d'amniftie qui puiffe déterminer les Artiftes à revenir fous fes éten-
dards, & à fe rallier fous les drapeaux de la
vérité & de la fimplicité. C'eft un fervice
étranger qui leur feroit trop pénible &
trop dur. Il a donc été plus fimple de dire
que M. *de Cahufac* parloit en Auteur &
non en Danfeur, & que le genre qu'il
propofoit étoit extravagant. On s'eft écrié
par la même raifon, que *le Fils naturel* &
*le Pere de famille* n'étoient point des pièces de théâtre, & il a été plus facile de
s'en tenir là que d'effayer de les jouer ; au
moyen de quoi les Artiftes ont raifon, &
les Auteurs font imbécilles. Leurs ouvrages ne font que des rêves faits par des
moraliftes ennuyeux & de mauvaife humeur, ils font fans prix & fans mérite.
Eh ! comment pourroient-ils en avoir ? Y
voit-on tous les petits mots à la mode,
tous les petits portraits, les petites épi-
grammes & les petites faillies ? car les
*infiniment petits* plaifent fouvent à Paris,

J'ai vu un temps où l'on ne parloit que des *petits Enfans* , que des *petits Comédiens* , que des *petits Violons* , que du *petit Anglois* & que *du petit Cheval de la Foire.*

Il feroit avantageux , Monfieur , pour la plus grande partie de ceux qui fe livrent à la Danfe & qui s'adonnent aux Ballets , d'avoir des maîtres habiles qui leur enfeignaffent toutes les chofes qu'ils ignorent , & qui font intimement liées à leur état. La plupart dédaignent & facrifient toutes les connoiffances qu'il leur importoit d'avoir , à une oifiveté méprifable , à un genre de vie & de diffipation qui dégradent l'art & aviliffent l'Artifte. Cette mauvaife conduite trop juftement reprochée, eft la bafe du préjugé fatal qui règne indifféremment contre les gens qui fe confacrent au théâtre ; préjugé qui fe diffiperoit bientôt, malgré la cenfure amère du très-illuftre cynique de ce fiècle, s'ils cherchoient à fe diftinguer par les mœurs & par la fupériorité des talens.   Je fuis , &c.

F I N.